高薪Offer

简历、面试、谈薪
完全攻略

刘婷婷／著

北京大学出版社
PEKING UNIVERSITY PRESS

内 容 提 要

本书以职业选择与落地为起点，按照求职顺序，依次讲述了简历准备、面试、谈薪、入职前的内在逻辑与应对方法。

本书分为 15 章，内容主要包括：职业规划与落地；简历的筛选逻辑；简历各个模块的注意事项与可实操的万能模板；特殊简历的处理；求职网站的选择与使用；简历投递技巧；不同求职渠道的使用；面试前的筛选与准备；5 个履历面试问题的详细考察点与万能回答公式；6 个个人考察问题的详细考察点与万能回答公式；面试后的 Offer 争取；谈薪技巧；入职准备。

本书通俗易懂，案例丰富，实用性强，特别适合正在求职或有求职计划的人员阅读，也适合对职业发展有困惑的职场人阅读。另外，本书也适合作为大学生职业发展的参考资料使用。

图书在版编目（CIP）数据

高薪Offer简历、面试、谈薪完全攻略 / 刘婷婷著.
北京 ： 北京大学出版社，2025.6. -- ISBN 978-7-301-36128-3

I. C913.2

中国国家版本馆CIP数据核字第20252B8J59号

书　　　名	高薪Offer简历、面试、谈薪完全攻略
	GAOXIN Offer JIANLI、MIANSHI、TANXIN WANQUAN GONGLÜE
著作责任者	刘婷婷　著
责 任 编 辑	刘云
标 准 书 号	ISBN 978-7-301-36128-3
出 版 发 行	北京大学出版社
地　　　址	北京市海淀区成府路205号　100871
网　　　址	http://www.pup.cn　新浪微博：@北京大学出版社
电 子 邮 箱	编辑部 pup7@pup.cn　总编室 zpup@pup.cn
电　　　话	邮购部 010-62752015　发行部 010-62750672　编辑部 010-62570390
印 刷 者	大厂回族自治县彩虹印刷有限公司
经 销 者	新华书店
	880毫米×1230毫米　32开本　9印张　204千字
	2025年6月第1版　2025年6月第1次印刷
印　　　数	1—4000册
定　　　价	69.00 元

未经许可，不得以任何方式复制或抄袭本书之部分或全部内容。

版权所有，侵权必究

举报电话：010-62752024　电子邮箱：fd@pup.cn

图书如有印装质量问题，请与出版部联系，电话：010-62756370

前言

作为一名有十几年工作经验的人力资源工作者,做过企业的人力资源总监,也从事过猎头行业,我和形形色色的求职者打过交道。在招聘和咨询的过程中,我发现"职业发展"是完全没有标准答案可言的。

例如,做着同样工作的两个同事,每月工资可能相差三千元。同一个专业的毕业生,十年后有人成为总监,有人依旧是科员。大部分人都或多或少有这样的困惑:"为什么他赚得比我多?"

收入是最简单的衡量标准。但在表面的工资数字背后,收入代表了劳动力的价值,代表了一位职场人辛苦打拼几年、几十年之后被人才市场的认可程度。

在工作中,想要赚得更多,不是更加努力、等待机会就可以了。对于大部分没有创业计划的职场人来说,想要有更高的收入,需要的是了解高薪背后的方法论。

无论你是尚未步入社会的大学生,还是工作有些年头的职场人,只要你不是打算立刻退休,我都会建议你尝试阅读这本书。在这本书里,我结合了多年的招聘实战经验和职业成长的方法论,和大家分享让自己赚得更多的秘密。想要赚得更多,有"道",也有"术"。

"道"是适合自己的职业规划与执行。既可以利用流行的 MBTI 测试帮助自己了解适合的职业范围,也可以通过本书中制作的行动指南表让想象逐步落地。做好了这一步，才算是打好了长期发展与良好收入的根基。

"术"是求职技巧。由于求职者和招聘方之间的信息差，因此从简历到面试，再到谈薪资，每一个环节都有坑要避、有方法去提升。优秀的履历与工作能力并不能直接让你通过简历筛选，因为招聘方看到的只是短短几页纸的简历，并不是真实的人。在面试过程中，面试官与求职者沟通时，会充满各种提问陷阱与意想不到的考察点。在谈薪资时，也没有任何标准可言。如果求职者期望薪资高，可能Offer就没了。如果求职者要求的薪资低了，又可能会内心懊悔好几年。

因此这本书里，花了大量篇幅来告诉大家，如何通过可行的技巧，在短期内提升自己在求职市场中的竞争力，从而拿到一个更加理想的Offer。

"术"的掌握是简单的。相信每一位认真阅读完这本书并且照做的读者，都能够在短期内提升找工作的技巧，提升在人才市场中的求职竞争力。但想要有更好的职业发展，仅仅掌握求职技巧是不够的。希望我的读者们，也能够花费更多的时间去思考职业的"道"，为自己选择更加适合的职业道路，并且认真地去一步步实现它。

所以，在这本书的开篇，是关于职业的选择。这部分内容占据的篇幅不大，但却是整个职业发展的核心。也希望我的读者们，可以通过对自我更加清晰的认知和对未来更好的规划，为自己选择更加合适的职业道路。

编者

温馨提示　本书所涉及的资源已上传至百度网盘，供读者下载。请读者关注封底的"博雅读书社"微信公众号，找到"资源下载"栏目，输入本书77页的资源下载码，根据提示获取。

目录 Contents

第 1 章 高薪的秘密

1.1 大学同学的背道人生 / 002

1.2 职业定位——选择比努力更重要 / 003
  1.2.1　大家都在聊的 MBTI 是什么 / 004
  1.2.2　行业与岗位选择 / 007

1.3 让想象变为现实的工具 / 009

1.4 警惕 4 个让你失去高薪的坏习惯 / 012
  1.4.1　"我不行"的自卑心理 / 013
  1.4.2　缺乏行动力 / 014
  1.4.3　停止成长 / 015
  1.4.4　缺乏呈现结果的能力 / 016

第 2 章 你的简历可能准备错了

2.1 筛选简历的秘密在这里 / 019
  2.1.1　HR 看简历时在意什么 / 019
  2.1.2　部门经理看简历时在意什么 / 021
  2.1.3　公司高层看简历时在意什么 / 023

2.2 如何升级简历 / 025
  2.2.1　了解简历的构成 / 026
  2.2.2　简历模板需要美化吗 / 026
  2.2.3　让你的简历与众不同 / 028

第3章 决定成败的关键——基本信息

3.1 简历模块一——个人信息 / 034
- 3.1.1 超全个人信息总结 / 034
- 3.1.2 有舍弃，才有加分 / 036

3.2 简历模块二——个人概况 / 038
- 3.2.1 被严重低估的"存亡点" / 039
- 3.2.2 展示与工作无关的爱好有错吗 / 041
- 3.2.3 了解通用个人概况模板 / 043

3.3 简历模块三——教育经历与职业技能 / 047
- 3.3.1 位置在哪儿有讲究 / 047
- 3.3.2 教育经历中哪些内容要写 / 049
- 3.3.3 教育经历的标准格式 / 052

第4章 打造履历高光点——提炼经历

4.1 简历模块四——工作经历 / 054
- 4.1.1 工作经历常见误区 / 054
- 4.1.2 打造工作经历的高光点 / 057
- 4.1.3 打造优秀的工作经历模板 / 059

4.2 简历模块五——项目经历 / 063
- 4.2.1 项目经历 / 063
- 4.2.2 项目经历模板 / 065

4.3 简历模块六——校园实践经历 / 068
- 4.3.1 被高估的校园实践 / 068
- 4.3.2 工作十年后是否有必要写校园实践经历 / 070

目 录

第 5 章 特殊简历处理

5.1 想转行怎么办 / 074
5.1.1 转行前的简历准备 / 074
5.1.2 转行简历的调整 / 076

5.2 其他特殊简历的处理 / 078
5.2.1 空窗期过长的简历处理 / 079
5.2.2 跳槽太多的简历处理 / 080
5.2.3 针对目标公司的简历处理 / 082

第 6 章 一投即中的秘诀

6.1 选择求职网站 / 086

6.2 5 个小细节让简历投递更高效 / 089
6.2.1 不使用求职网站的手机隐私保护功能 / 089
6.2.2 在简历正文中附上电话号码 / 090
6.2.3 对在职公司开启屏蔽简历功能 / 091
6.2.4 及时修改职业状态 / 092
6.2.5 上传附件简历与作品 / 093

6.3 海投简历是否有用 / 093
6.3.1 对海投误会太大 / 094
6.3.2 注意只挂不招的空岗位 / 095

6.4 HR 为什么已读不回 / 097
6.4.1 令人生气的已读不回 / 097
6.4.2 招聘网站中万能的打招呼模板 / 099

6.5 与 HR 线上沟通的常见误区 / 102
6.5.1 夺命连环问 / 103

6.5.2 HR 约面试是为了冲 KPI / 104

6.5.3 没看简历就拒绝 / 105

第 7 章 比求职网站更高效的求职方式

7.1 利用猎头找到好工作 / 108

7.1.1 与猎头建立联系 / 108

7.1.2 5 步建立自己的猎头库 / 109

7.2 用好内部推荐 / 113

7.3 打开求职思路 / 114

7.3.1 企业官网 / 官微 / 公众号等 / 114

7.3.2 行业求职信息汇总公众号 / 114

7.3.3 本地人才网 / 115

7.3.4 地区的政府服务公众号 / 115

7.3.5 线下招聘会 / 116

7.4 大学生的专属求职渠道 / 116

7.4.1 实习留用 / 117

7.4.2 秋季校园招聘 / 117

7.4.3 专属求职网站 / 118

7.4.4 春季招聘和校园招聘会 / 118

7.4.5 学校老师 / 119

第 8 章 面试通知来了

8.1 4 种还没面试就错过的沟通 / 121

8.1.1 不核实面试基本信息 / 121

目 录

- 8.1.2 不清楚面试主动权 / 121
- 8.1.3 不等答复就连续发问 / 122
- 8.1.4 沟通态度欠佳 / 123

8.2 面试邀约万能答复公式 / 124

8.3 接到面试邀约后如何做 / 126

- 8.3.1 5 步筛选出靠谱公司 / 126
- 8.3.2 拒绝面试的万能话术 / 129
- 8.3.3 超全面试准备 / 131
- 8.3.4 准备面试案例 / 133

8.4 5 个面试小技巧 / 136

- 8.4.1 树立自信：这个岗位应该招我而不是别人 / 136
- 8.4.2 调整心态：不要为了面试患得患失 / 137
- 8.4.3 针对岗位梳理短期职业目标 / 138
- 8.4.4 选择适宜的面试服装 / 138
- 8.4.5 一切行为都与面试有关 / 139

第 9 章　面试，开始了

9.1 面试到底面什么 / 141

9.2 面试类型各不同 / 144

- 9.2.1 多对一面试 / 144
- 9.2.2 小组面试 / 144
- 9.2.3 一对多面试 / 145
- 9.2.4 视频面试 / 145

9.3 面试轮次的秘密 / 146

- 9.3.1 专业技能测试 / 147

9.3.2　至关重要的第一轮面试 / 148

9.3.3　面试官的重复发问 / 148

9.3.4　最后一轮的 HR 面试 / 149

9.4　提高面试通过率的细节 / 150

9.4.1　从微笑开始 / 150

9.4.2　学会赞赏 / 151

9.5　5 种导致面试失败的可能回答方式 / 154

9.5.1　答非所问 / 155

9.5.2　回避问题 / 155

9.5.3　过于简短 / 156

9.5.4　打断面试官 / 157

9.5.5　聊生活多过于工作 / 158

第 10 章　面试中的履历相关问题

10.1　自我介绍 / 161

10.1.1　自我介绍的考察点 / 161

10.1.2　自我介绍的万能回答公式 / 163

10.2　学历是弱项怎么办 / 165

10.2.1　质疑学历的考察点 / 166

10.2.2　被质疑学历时如何应对 / 167

10.3　离职原因怎么回答 / 169

10.3.1　问离职原因的考察点 / 169

10.3.2　关于离职原因的回答禁忌 / 171

10.4　关于职业空窗期如何回答 / 173

10.4.1　关于职业空窗期的心态与错误回答 / 173

10.4.2　关于职业空窗期的万能回答公式 / 175

10.5 面试时的职业规划是什么 / 177

10.5.1 问职业规划的考察点 / 177

10.5.2 关于职业规划的万能回答公式 / 179

第 11 章 如何巧妙回答个人考察问题

11.1 求职动机 / 182

11.1.1 "为什么选择我们公司"的考察点 / 182

11.1.2 关于求职动机的回答公式 / 184

11.2 缺点考察 / 185

11.2.1 问缺点的考察点 / 186

11.2.2 关于缺点的回答公式 / 188

11.3 优点考察 / 191

11.3.1 问优点的考察点 / 191

11.3.2 回答优点时的禁忌 / 192

11.4 关于最大困难 / 挑战 / 成就 / 194

11.4.1 "最"问题的考察点 / 195

11.4.2 "最"问题的万能回答公式 / 197

11.5 关于自我评价 / 199

11.5.1 自我评价的考察点 / 200

11.5.2 自我评价的回答角度 / 201

11.6 求职者如何提问题 / 202

11.6.1 面试官让求职者提问的考察点 / 202

11.6.2 提前准备问题 / 204

第 12 章 对话结束，但面试没有

12.1 面试后的等待 / 209
　　12.1.1　常见 HR "敷衍" 话术 / 209
　　12.1.2　面试轮次间的等待 / 211

12.2 面试后的沟通 / 213

12.3 面试后做什么 / 215
　　12.3.1　面试复盘 / 216
　　12.3.2　尝试主动出击 / 217
　　12.3.3　多线程求职 / 219
　　12.3.4　面试未通过时的情绪调整 / 220

第 13 章 开始谈薪了

13.1 期望薪资要如何回答 / 224
　　13.1.1　如何确定期望薪资 / 224
　　13.1.2　期望薪资的报价 / 226

13.2 谈薪沟通 / 228
　　13.2.1　HR 常见压价话术 / 229
　　13.2.2　谈薪的错误话术 / 231
　　13.2.3　谈薪必问清单 / 233
　　13.2.4　谈薪原则 / 235
　　13.2.5　万能谈薪公式 / 238

第 14 章 别让到手的 Offer 飞了

14.1 HR 问有无 Offer 的原因 / 243

14.2　有无 Offer 的应对话术 / 244

14.3　选择更优的 Offer / 247
　　14.3.1　了解基本保障 / 248
　　14.3.2　三个维度评估跳槽 / 251
　　14.3.3　多角度评估 Offer / 253

14.4　最终确认 Offer / 255
　　14.4.1　确认 Offer / 255
　　14.4.2　接完 Offer 后悔了怎么办 / 260

第 15 章　关于新工作的最后准备

15.1　背景调查 / 264
　　15.1.1　能否拒绝背景调查 / 264
　　15.1.2　背景调查中的注意事项 / 265

15.2　入职准备 / 268
　　15.2.1　入职材料准备 / 268
　　15.2.2　检查劳动合同 / 270

第1章

高薪的秘密

01

有的人毕业两三年,却好像耗费了二三十年的精气神,每天垂头丧气去上班。这是你现在的状态吗?

而大学时总是挂科、看起来没那么聪明的隔壁宿舍的老王,怎么就风生水起、年薪百万呢?

作为一个工作了十几年的HR,我看过无数人的职业路径。同样是大学毕业,有的人在短短几年间快速升职,工资翻了几番;而有的人跳了几次槽,工资依旧平平。高薪的秘密在哪儿呢?如何做才能在职场中更上一层楼呢?

1.1 大学同学的背道人生

大学毕业三周年聚会的晚上,张小白喝得烂醉。

张小白平时并不怎么饮酒,即便是和客户吃饭,也总是找各种理由不碰酒杯。可是今天,他心里堵了一口气,怎么也顺不了。如果不喝醉,他好像难以舒展心中的郁气。

张小白每天的轨迹都是家和公司两点一线,按时打卡上下班,做完事情就"摸鱼"。他以为大家都是这样的,按规定完成任务就可以了,何况他还是组里效率比较高的那个。虽然这几年经济形势不佳,人人自危,但他知道,裁员指标多半不会落到自己头上。

工作嘛,谁不是这样的呢?

原来许多人不是。

三年的时间会裂出鸿沟,像一道越来越宽的坎,横亘在自己和曾经的同学中间。

张小白清楚地记得,毕业签三方协议的时候,同学们聊到了工资。自己虽然不是最高的那个,但也不算差,中游以上,就像他一直以来的成绩。何况公司是家知名企业,这个光环足够抵消一些薪水差距带来的心理落差。

然而入职后才两周,张小白就意识到这份工作不是自己喜欢的内容。可是为了工资,他只好接受。于是他日复一日地重复和自我说服,直到聚会当晚。

毕业时Offer工资比大家低了一千多元的刘一流,虽然之前抱怨每天加班，但他的工资两年前就翻了番。而进入国企的赵小照，虽然脸圆了，肚子大了，但满面红光的他已经升了部门经理。迟到了的黄黄，一边喝酒一边神采飞扬地说起自己辞职后开的小店。

让张小白难堪的并不是钱，而是别人在享受工作的同时收获了成果。他却每天都需要说服自己："再忍一忍吧，谁的工作不是这样呢？"

原来许多人不是应付工作。

张小白有点困惑。回头看去，他到底在哪一个路口走错了呢？他好像走对了每一步：努力读书，努力找工作也努力工作。在大家都迷茫的时候他也迷茫，大家都行色匆匆的时候他也慌慌张张。但最后，为什么别人找到了方向，闪闪发光，而他被困在了工作中？

职业定位——选择比努力更重要

工作不像考试，它的选择是没有标准答案的。面临职业选择的时候，更加没有教科书来告诉你答案。对于张小白这样的疑惑，许多人同样也有。为什么看起来相似的学历背景，别人赚得更多呢？作为职场人，如何才能有更高的薪水和更好的发展呢？

意识到自己对目前的工作有负面情绪，以及对升职加薪有渴望后，张小白决定跳槽。

跟随张小白的求职之路，我们一起来探索下自己的职业之路吧。

1.2.1 大家都在聊的 MBTI 是什么

打开朋友圈或小红书，经常会看到有人给自己打上"e人"或"i人"的标签。这个标签就是来自 MBTI 测试。它不仅能够提供具有娱乐性的性格测试，还能够给你的职业发展提供参考性建议。

MBTI 的全称是 Myers-Briggs Type Indicator，是基于荣格心理类型理论发展的人格类型评估工具，由凯瑟琳·库克·布里格斯及其女儿伊莎贝尔·布里格斯·迈尔斯于 20 世纪中期共同研发。完成近百道关于自我认知的必选题后，测试会从能量取向、认知功能、判断功能、适应模式四个心理维度来测算你的分数，最终判断出你属于 16 种性格类型中的哪一个。

MBTI 的定义是什么并不重要，重要的是它对你有什么用。

> 💡 **Tips**
>
> MBTI，也许就是你的职业选择标准答案的题眼，甚至是你工作十年后年薪百万的密码。

MBTI 的测试题是自我报告形式的，也就是说，完全由你根据自己的想法和行为习惯做出选择。所以只要在答题时没有刻意隐瞒，MBTI 的测试就能准确反映出你的思维方式和认识世界的方式，而且能反映出什么样的工作环境让你感到舒适，什么样的工作更适合你。

许多人会觉得，工作的本质是为了赚钱，不是爱好，在工作维度上谈兴趣爱好是很可笑的。在面临择业和职业选择时，很多人会因为现实因素说服自己不要任性，最后却往往事与愿违，有的人在不停地跳槽转行中迷失了方向，有的人兢兢业业却始终与升职无缘，还有的人工作十年薪资却依然原地踏步。一切的根源，是因为选择了不适合自己的工作。

关于这一点，美国职业指导专家约翰·L.霍兰德（John L Holland）从人格心理学的角度，对职业生涯的发展有过系统论证。其中一个重要观点就是，当人从事符合自己职业兴趣的工作时，工作会更加高效，心情会更加愉悦，而由于选择了更加符合自己人格特征的职业，相对也更加擅长，职业道路的发展也会更加顺利。

由此可见，在工作维度谈兴趣一点也不可笑。选择符合自己职业兴趣的工作，往往就是职业生涯成功的开始。不考虑对性格类型的描述，MBTI能够直接回答的职业问题有以下几类。

（1）你适合做什么样的工作？

（2）什么样的工作环境会让你更加舒适？

（3）你在职业发展上的优势是什么？

（4）你在职业发展上的劣势是什么？

以INTP型人格为例，测试报告会建议你从事如下工作。

（1）需要思考和计划的工作，如程序员、系统分析人员、数据库管理、调查开发专家、战略策划、新市场或新产品开发者、电信专家、财政计划者、投资银行家、信息服务咨询人员、销售员等。

（2）医药与科学领域的工作，如神经病学家、物理学家、整形外科医生、药剂师、科学家、药品调查员、生物工程学家、兽医等。

（3）专业技能岗位的工作，如律师、经济学家、心理学家、精神分析学家、金融分析家、建筑师、知识产权代理人、法律调解人、公司财务代理人、精神病医生。

（4）学术领域的工作，如数学家、考古学家、历史学家、哲学家、大学教师、学术研究者、逻辑学家、经济学家、翻译等。

（5）创造性的职业，如摄影师、作家、艺术家、演员、舞蹈家、音乐家、发明家、信息图表设计者等。

此外，MBTI测试报告会在每个可从事的领域给出相关解释，告诉你该项性格类型为什么会适合从事这份工作。在择业的迷茫阶段，求职者们可以参考MBTI测试报告确定求职范围，再比照自身的职业技能进行选择。它们的交集大概率就是适合你的工作。

MBTI测试的报告结果也会提示，在以下环境中进行工作，INTP型的人会工作得更加舒适、高效。

（1）同事里有解决复杂问题的独立思考者。

（2）允许隐私权。

（3）培养独立性。

（4）灵活、安静、和谐的工作氛围。

（5）宽松、自由、无结构。

（6）奖励自主性。

在了解了能令自己舒适的环境后，你在面临Offer的选择时，将会做出更加有利于自己未来身心健康和工作业绩的决定。

除此之外，MBTI测试报告还会罗列出相应的性格类型在职业发展中的优劣势。

Tips

职业发展并不是简单的木桶理论，由短板决定上限。事实上，决定一个人职业上限的因素往往是他的优势有多强。一个样样均衡的人在求职时，往往无法让HR对其简历留下印象，但一个在某一个方面有明显优势的人，却可以凭借这一优势进入面试环节。

由此可见，了解自己的优势，通过简历和日常行为让别人更多地意识到你的优势，会让你获得更多择业机会。

1.2.2 行业与岗位选择

在了解了自己适合的职业方向和工作环境之后，想要了解自己究竟更适合从事什么岗位，我们需要进一步思考。

我接触过的大部分职场人，几乎都是在懵懂中被动接受工作的。

"我在毕业时刚好拿到了这家公司的 Offer。"

"有猎头给我电话，说这个机会不错。"

"有工作我就做了。"

这样的例子比比皆是。你可能没有意识到，选择一份工作的同时，也意味着你关闭了其他可能的通道。工作的选择是有成本的。进入一个行业和从事一个岗位，都会成为决定你未来一段时间甚至几十年的关键选择。如果你进入夕阳产业，选择了天花板较低的岗位，几年之后你将会发现工资可能分毫未涨，换工作屡屡碰壁，甚至要面临裁员的困境。想要转行或转岗，难度反而远超毫无工作经验的应届生。

什么样的行业算是夕阳产业呢？——不远的未来可能会消失的产业。

现在几乎人人都用手机，大家也习惯在手机快没电的时候拿出充电宝，或者租借附近的共享充电宝。但在 20 年前，手机的电池还是可拆卸充电的，几乎人人都带着备用电池，家里还放着手机电池万能充电器。那时的万能充电器销量惊人。然而，短短十几年时间它便销声匿迹了。

那些从事万能充电器生产和销售的人，现在都去哪儿了？行业衰退往往会导致大量从业人员失去工作、降低薪酬。因此，选择行业时，我们要尽可能地避免进入没落的行业。

说完行业，我们再来看看工作岗位。工作的岗位通常具有延续性。例如，在大学毕业时，你可以从事非本专业工作，然而这还只是初级的挑战。由于尚无工作经验，应届毕业生在岗位之间可以打破存在的壁垒。但随着你在某个岗位上工作的时间越长，转岗的可能性就越小。一个工作了一年的行政人员，想要转岗做销售，也许只需要在简历中稍微花些心思、面试时恰当地表现就能拿到Offer。但一个工作了十年的行政人员，想要转岗做销售，可能比较困难。

并不是说，选择了某个行业和岗位之后，我们就只能限制在原本的行业、岗位上。而是说，它对我们的职业发展有着重大影响，对其了解清楚，能够帮我们在调整方向时更好地找到解决方法。

比如，曾经从事万能充电器销售的人，也许可以利用自己的分销渠道找到销售其他电子产品的工作。而十年后想要转岗的行政人员，则可以尝试公司内部转岗（前提是，能够说服老板），或者请有足够分量的人脉帮忙介绍。

> **Tips**
>
> 不同的行业和岗位之间的确是有壁垒的，因此我们在选择工作时除了要考虑自己的职业兴趣，也一定要考虑到未来的可能性。要慎重地对待它，提前了解和调研。

因为各种因素想要转行、转岗的人，需要审视自己的现有资源，并结合现有行业、岗位的可利用因素与自身优势，然后再做行动。

让想象变为现实的工具

参加完同学聚会后的第一个周末,张小白做出了重要决定——进行毕业后的第一次跳槽。

为了这次重要的跳槽,张小白在网上完成了 MBTI 测试,得到一份详尽的性格测试报告。作为 INTJ 型人格的他,有着很强的独立性和思考性。这样的性格也会帮助他在未来更好地完成工作。关于未来,张小白的答案一直很笼统。在大学毕业时,他的目标是"找到工作",而此刻的答案是——"找到工资更高的工作"。

然而,跳槽并不是一次简单的涨薪和任职公司的转变,每一次跳槽都会影响以后的职业发展。想要在职业发展的长跑中获得加速,张小白需要从多个方面思考问题。

笼统、模糊的期待无法给你的职业发展增加任何助力。只有具体的期待、明确的实现计划,才能够帮助你更好地一步步实现目标。那些在漫长的职业生涯中逐步实现了目标的人,往往就是我们口中的成功者。

作为一个工作了十几年的 HR,我面试过无数候选人,也在 MBA 校友圈里与几百位公司中高层交流过。因为职业习惯,我观察过他们的性格、处事方式,以及尝试了解过他们的职业路径。他们中的佼佼者,有"创一代"也有"富二代",有打工人也有学者。但他们都有一个共性——拥有强烈的目标感,并且为了这项目标积极往前冲。在这些人身上很少看到拖延症,他们永远都有充沛的精力赶往下一场会议、下一个地点。

如何把想象变成现实?——采取有目标的行动。

这样回答似乎很敷衍,就像饿了就吃饭一样。所以我们把它拆分一下,让它更加具体、更加具备可行性。

表1-1为让想象成为现实的行动指南表,跟着表中的步骤依次填写,你也可以成为一个有明确目标、有行动力的成功者,并逐步实现你想得到的未来。

表1-1 让想象成为现实的行动指南表

时间	整体期望	目标	行动	行动复盘与调整
2025年		5.根据你了解的现实因素,如果需要达到4,该年需要达到什么样的目标	6.为了实现5的目标,该年你需要做什么?如何达到	
2026年		8.基于7的完成情况和4,该年需要达成什么样的目标?是否有必要调整4甚至2的目标	9.为了实现8的目标,该年你需要做什么?如何达到	7.完成6的行动了吗?如果有,进入8。如果没有,分析未付诸行动的原因
2027年		4.根据你了解的现实因素,如果需要达到3,该年需要达到什么样的目标		
2028年				
2029年		3.根据你了解的现实因素,如果需要达到2,该年需要达到什么样的目标		
2030年				
2031年				
2032年				

续表

时间	整体期望	目标	行动	行动复盘与调整
2033 年				
2034 年	1. 写下你对十年后的美好期待，确定它是你最想要的	2. 用数字描述你的期待		

下面来为自己梳理一下未来十年的计划吧，第一次填写时，需要拿出一整块的时间，至少半天，像个真正的老板一样——给自己"画饼"。首先，给自己一个美好的想象，即十年后你想过什么样的生活、希望自己的工作达到什么样的状态。

> **Tips**
>
> 对未来十年的期待可以先从美好的想象开始，比如，十年以后你想过什么样的生活，希望自己的工作达到什么样的状态。答案可以是许多维度的，它们之间并无优劣之分，唯一的区别只在于你更想要什么。你越想要得到它，后续转化的行动力就越强。

然后，试着让想象具体一点。就拿"我要发大财"来说，这的确是个不错的期待，但多大的财才算发大财呢？你希望十年后赚到 100 万元还是 1000 万元，甚至更多？"我要做总经理"也一样，你想做多大公司的总经理？只有 5 个人的小公司也可以吗？还是有几百人、上万人的大企业的总经理？接下来可以尝试用数字来具化你的想象，并且确定它是你特别想要的。

假如你想在十年后能够赚 1000 万元，那么可以抱着对这个美好想象的期待，把十年时间折半。如果你想在十年后赚到 1000 万元，那么五年后你至少要赚到 300 万元吧。在接下来的五年，尝试用同样的方式再赚

300万元或更多,并且通过投资让这笔钱快速增值。

往前倒推一下,从现在起三年后呢?三年后你需要赚到100万元。

再往前倒推一下,明年呢?如果目前年薪只有十几万元,那么明年要做什么?也许是立刻跳槽,争取带来一次大的涨薪或升职,也许是开启副业赚到工资以外的钱。总之,明年你需要有一些具体的行动,这样距离三年后的目标才能更近一些。

当一步步把想象进行拆分后,你会发现,那些遥远的、不切实际的幻想,将会变成可以被实现的"目标"。对"想象"进行拆分后,也就拥有了目标感,清楚了自己的方向,并且利于促进行动。

之后的每一年,你要对自己前一年的行动进行复盘,并且设定下一年的重要短期目标。

定期思考这件事,能够帮你更好地在职场晋升。原因很简单,别人只是随机漫步,而你目标明确。有了明确的方向和实现步骤后,你将会走得更快。十年后的美好想象可能看起来"假大空",但它会让你收获特别实在的利益——更多的工资,更高的岗位,更好的成长。

警惕4个让你失去高薪的坏习惯

有的人会把自己工资一直涨不起来归结为"学历不好"。的确,许多时候拥有较好的学历是高薪的敲门砖。但在真实的招聘中,我也见过许多高学历低薪的求职者。学历不够高只是低薪的一个因素，还有很多其他的因素。

1.4.1 "我不行"的自卑心理

当遇到问题的时候，你的第一反应是什么？是"我不行"，还是"我能做"？

悄悄观察身边的同事，你会发现团队里公认的能力出众的人，遇到问题总是跃跃欲试；而绩效位于末位淘汰边缘的同事，常常觉得自己做不到。这种"我不行"的思维不是检验工作的结果，而是失去高薪的开始。

"我不行"就像一个杀伤力巨大、攻击范围超广的魔法，不仅伤害日常的工作结果，也会影响上司对你的评价。当你认为自己做不到时，你就不会尝试去解决问题，也不会尽全力去学习、去利用资源。它会让你习惯性逃避工作任务，或者勉强完成交差。当上司也像你一样认为"你不行"的时候，很显然，你的绩效考核结果、年终奖、年度加薪也就全无指望了。不仅如此，在面试时，HR 也会准确感知到"你不行"，结果是你要么失去新的工作机会，要么被以此为由压低薪水。

> **Tips**
>
> 如果你也时常有"我不行"或"我做不到"的想法，那么，从今天开始尝试识别它。由于思维的惯性，你不可能立刻改变它。但如果你能够识别它们，你就可以在下一次出现这样的念头时提醒自己不要存在消极自卑心理。

"我又在说我不行了。我真的不行吗？有什么办法是我能试试的吗？"

其实，识别到"我不行"的消极自卑心理，就是你解决问题、获得高薪的第一步。

1.4.2 缺乏行动力

行动力，是阻止许多人获得高薪的关键。许多把"我要发大财"作为十年后美好想象的人，填写完行动指南表后发现，想要十年后赚到 1000 万元，仅仅靠工资是不可能的。但他又的确发自内心地想要获得这么多收入，怎么办呢？解决方案呼之欲出——既然光靠工资达不到，那么要么去创业，要么获得工资以外的副业收入。

关于副业，网上有大量的副业指南，你的脑海里可能也闪过无数想法，似乎都能够帮助你很快赚到第一桶金。但你真的会去做吗？绝大多数人都停留在了"有想法"这一步。脑海里也许有了一整个完整的商业计划书，但睁开眼睛又是完全没有开始的新的一天。

> **Tips**
>
> 行动力是指有了明确的想法后，真的去做、去实现它的能力。甚至没有任何准备地就去做，可以先做，再试错、总结、修正。

我有一位朋友，如果只看目前结果，他是个运气很好并且轻易获得成功的人。他在二十几岁的时候继承了家里的服装生产厂家。抖音直播带货红火后，他的家族企业从服装生产成功转型为线上的服装品牌。成功对他来说似乎唾手可得。

然而不为人知的情况是，他接手服装生产不久后就遭遇了新冠肺炎疫情，导致工厂停产、原材料涨价。他的工厂面临倒闭。此时抖音的电商直播盛行，而他对此全无经验。他在判断做抖音直播有利于自己的生意之后，立刻开始了行动。白天管理生产，晚上自己直播。这个过程中做过无用功，遭遇了大大小小的失败。但这些失败的过程让他真实了解了抖音直播的全流程，也积累了第一批忠实"粉丝"。伴随着试错和不断地修正，整个流程逐渐完善后，他才开始在电商领域招人、扩大规模。

许多人都有不错的想法，但最后却只停留在了想法层面。他们被提前幻想出的无数困难劝退，预设自己的行动需要具备种种技能，并且为行动不断加压，从而阻碍了真正的行动。然而，如果没有行动，也就没有开始，没有开始也就不知道后面该如何改进，那就更不用谈实现愿望了。

1.4.3 停止成长

许多人在简历中自我评价学习能力强，然而在实际的工作中，愿意持续学习成长更重要。在解决问题时，不管是能大胆说出"我能做"，还是具备行动力，必不可少的因素都是保持自我成长。

在工作中，可能经常会遇到超出自身能力甚至认知的问题。有的人面对难以解决的问题，便认为自己不行，只处理自身能力范围内的事情。有的人面对难以解决的问题时，会试着寻找解决方式，如请教有经验的人、上网了解信息、自我学习等。其实，可以尝试的方法有许多，在解决问题的过程中，自身也会逐步得到成长。

把时间拉长到五年，那些处理着和五年前一模一样工作内容的人，薪资必然没有太大提升。因为工作的经济本质是公司付费购买劳动力。作为劳动者，如果你的劳动力没有任何增值，那么公司为什么要付出更多的金钱来购买呢？

想要获得更高薪水，最好的方法是实现自我增值，然后想办法为自己的劳动力寻求更高的卖价。

1.4.4 缺乏呈现结果的能力

许多人有和张小白类似的想法，和张小白同组的王小黑，明明工作能力平平，可是为什么每次绩效奖金都是他最多，年终调薪比例也是他最高？

其实"完成工作的能力"和"呈现工作结果的能力"是两回事。

例如，在上学时也许你的写作水平远高于你的同桌，但是他的作文分数却总比你高出十几分。原因就在于——决定作文得分的不仅仅是写作水平。漂亮的字体、整洁的卷面、精彩的起始段落，这些都能显著提高得分。然而，如果字迹潦草、卷面涂改严重，即便写作能力很好，那么也无法获得高分。如果我们把写作文看作一项工作，那么写作水平就是你完成工作的能力，而最终的作文试卷则是你呈现的工作结果。

日常工作里，你的客户、上级并不会完全了解你的工作能力，他们了解的是你呈现出来的工作结果。同样是60分的能力，王小黑呈现出了80分的工作结果，而张小白也许只呈现出了40分。

在求职中，较为常见的呈现工作结果的机会便是准备简历和面试。

求职时不仅需要把过去几年甚至十几年的经历提炼为短短两页纸的简历，更需要在半个小时内精准展现出自己与职位的契合点。擅长呈现结果的人，每次年终考核和跳槽时都能得到更高的加薪比例，而缺乏这项能力的人则会与高薪失之交臂。

第 2 章
你的简历可能准备错了

张小白兴致勃勃地投递了简历后,却没有收到任何回音。他有点困惑,明明自己花了较多精力准备简历,排版精美、言之有物、履历充实,为什么会石沉大海呢?HR对自己的岗位真的了解吗?他们凭什么决定自己能否进入面试?自己的简历是不是哪儿出了问题?

筛选简历的秘密在这里

在准备简历之前,我们要先了解是谁在看我们的简历。如果公司规模较小,可能是老板直接筛选简历、进行面试。如果公司规模稍微大些,HR 会先做筛选,然后将合适的简历交由部门经理进行筛选,面试由 HR 和部门经理共同参与。如果公司规模更大一些,面试可能会有好几轮,从部门主管到上一级、再到上一级的领导,进行一层层面试。

筛选简历的人的岗位不同,看简历的角度不同,他们在筛选简历的时候,在意的点也是不一样的。那么,HR、部门经理和公司高层在看到简历时分别会在意哪些点呢?

2.1.1 HR 看简历时在意什么

通常,一家公司里最先看到你简历的人大概率是 HR,决定你能否进入面试环节的人也是 HR。

猜猜看,HR 判断一份简历不合适最快需要多久?

答案是两三秒。你可能会心有不甘:我一份简历怎么也有上千字,凭什么你两三秒钟就否定我呢? HR 太不负责任了吧?

还真不是这样的。恰恰是因为 HR 需要对公司负责任,才需要极其快速地以一些硬性标准来判断一份简历是否合适。

负责招聘的 HR,通常会同时招聘几个岗位,每天的工作任务包括阅读和筛选简历、安排面试、进行面试、和用人部门沟通等。就拿一个普通公司的 UI 设计师岗位来说，HR 可能会收到几百份简历。如果 HR 平均 2 分钟看一份简历，那么一天的工作时间扣除看简历后就所剩无几了。从 HR 的招聘效率来说，这显然是不可行的。

Tips

> HR 判断一份简历不合适，最快只需要两秒。为了提升招聘效率，他们通常会带着提前确定好的硬性标准进行筛选。过滤掉绝大部分简历后，再认真阅读符合标准的简历。

为了对公司和招聘的岗位负责，以及提升招聘效率，HR 常用的一些硬性筛选标准包括：

行业、岗位、工作年限、学历、年龄、性别、职业技能、语言能力等。

许多岗位在招聘时都会要求求职者具有相关的行业背景、有一定年限的同岗位经验。也有的公司在招聘时明确要求学历、某项外语的语言能力，或者相关的职业技能证书。有一些岗位，虽然在招聘网站的岗位说明里没有表明，但实际上对年龄和性别是有要求的。这些都属于 HR 初筛简历时的硬性标准。

这些标准一般不会全部要求，通常一个岗位会有 3～5 个硬性筛选标准。在岗位招聘启动时，HR 会提前和用人部门确认这些硬性指标。不符合这些指标的简历，就是 HR 在简历筛选环节首先要过滤的。

例如，某个技术类岗位的硬性筛选条件是"三年岗位经验、硕士、擅长 Python"。那么 HR 可能会先定位到教育背景和毕业时间，快速确定学历和工作年限，如果有一项不符合，就会直接过滤掉。这时如果有些简历的排版混乱，难以找到对应信息，则很容易在快速阅读时被直接过滤掉。对于 HR 来说，找不到对应信息就等于信息缺失。并且，长期快速筛选简历的工作习惯，会让 HR 下意识地点击"拒绝"按钮。

这种快速甚至显得有些草率的简历筛选方式，能够帮助 HR 完成绝大部分的简历初筛。经过初筛后的简历，HR 才会认真阅读工作经历、个人情况。

因此，作为求职者，我们的简历在视觉上一定要呈现清晰，并能重点突出。尤其是前面提到的几个常用的硬性筛选标准，要确保简历中有且位置显眼，能够让 HR 快速定位到。

2.1.2 部门经理看简历时在意什么

通过 HR 的筛选后，几百份的简历中往往只有十几份符合基本要求。这十几份简历会共同进入部门经理的视线，由他们缩小筛选范围。由于简历是 HR 筛选过的，因此不符合硬性标准的已被过滤掉。经由 HR 筛选后，部门经理看到的简历是高度相似的：差不多的工作年限、差不多的学历、差不多的职业技能。那么，如何让自己在众多简历中脱颖而出呢？

1. 调整简历

想要自己的简历从一群背景相似的竞争者里脱颖而出，我们需要做的是放大自己的优势，缩小自己的劣势，为简历制造有利于自己的记忆点。

接下来先了解两个简单的心理学概念，那么调整简历的方法也就呼之欲出了。

晕轮效应：也就是光环效应，我们常常会因为一个人的显著特征而忽略他的其他部分。

以貌取人就是很典型的晕轮效应。对应到简历的撰写上，我们需要做的是尽可能地放大自己的优势，让自己的优势闪闪发光，从而盖过别人对我们劣势的注意。

首因效应：在人际交往中，先呈现的信息往往比后呈现的信息更容易给人留下深刻印象。

我们生活里常常提到的"第一印象"就是基于这个心理学的效应。具体到简历里，我们可以看下面的例子。

现在有六个形容词来分别形容两个人，你会更愿意和谁做同事呢？

👤 求职者一：张晓

(1) 聪明；(2) 勤奋；(3) 冲动；(4) 爱批评人；(5) 顽固；(6) 嫉妒。

👤 求职者二：王茵

(2) 嫉妒；(2) 顽固；(3) 爱批评人；(4) 冲动；(5) 勤奋；(6) 聪明。

相信你会选择张晓。但是等一下，再仔细看看，你会发现这两组中的词一模一样，只是顺序颠倒了而已。这就是首因效应。

带着对这两个概念的了解，我们再来看看如何让自己的简历脱颖而出。

（1）突出对优势的描写，让优势更加显眼，形成晕轮效应。

（2）先呈现优势，后呈现劣势；利用首因效应营造"优秀""适合岗位"的个人形象。

2. 用数据说话，避免大而化之地描述工作

大家可以感受下电商私域运营岗位的这两种描述：如果你是部门经理，你会记住哪个人，更想面试哪个人呢？

👤 求职者一：张晓

管理 500 人微信群 15 个，确保群内活跃度，约 1000 条群消息 / 群 / 日。根据公司促销活动节点发布信息，促进用户转化与复购，运营期间初始用户转化率由 5% 提升至 8%，复购率由 12% 提升至 13%。

👤 求职者二：王茴

管理微信群，与用户进行日常沟通。定期发布公司促销信息，跟踪转化率、复购率等数据。

相信你的选择依然会是张晓。王茴的表达其实是大部分简历中对工作内容描述的方式，即概括描述自己的工作内容。对于部门经理来说，他非常清楚岗位的工作内容，并且在他看来，往往较为简单。王茴的工作内容描述，也许对于 HR 筛选简历有价值，但对于部门经理却没有任何记忆点可言。因为这些简单又熟悉的工作内容，在部门经理眼里并不具有优势。

而张晓的描述，会让部门经理快速注意到数据，同时会下意识地与目前公司的做法和数据进行比对。如果简历中所述的工作结果比目前公司的好，那他一定会想多了解一下。如果工作结果比目前公司的差，那么也没太大关系。毕竟简历中清晰地总结、罗列了工作数据，并且跟踪了结果，这也算是优点。

2.1.3 公司高层看简历时在意什么

简历到了公司高层的眼前，会是另一番景象。

不同公司的招聘流程是不同的，有的公司招人只需要部门经理拍板，而有的公司则是无论大小岗位都会由董事长/总经理进行终面。但无论是哪种情况，在Offer发出之前都会由公司高层内部审批。也就是说，无论是否会由公司高层进行终面，你的简历都会进入公司高层的视线。

下面分享一个招聘的真实案例。

一家知名上市企业需要招聘子公司的法务。某位求职者通过了HR、部门经理、子公司负责人的层层面试。最终在确认Offer时，被总公司的董事长否决了Offer。董事长没有参与面试，甚至从未见过这位求职者。他否决的原因是，求职者在简历的最后附上了自己的艺术照。董事长据此推断，这位求职者性格太过跳脱，不适合法务岗位。

你会不会觉得这样的决定太过草率？也许是有些草率，但在实际的招聘中，这种情况时有发生。并且，如果是公司高层否决了Offer，部门经理和HR往往不会争辩，而是直接接受否决的结果。原因很容易理解，面试官和求职者的接触只是短短几十分钟的面试时间，他们也无法完全确保求职者的胜任力。而驳回公司高层的否决或者为求职者积极争取Offer，就意味着用个人信誉为这位求职者背书。为陌生的求职者赌上自己在公司高层心中的信誉度，显然并不划算。

那么，公司高层看简历时都在意什么呢？

虽然由于个体差异，每个人在意的点都不一样，但他们的筛选也有一些共性。

> **Tips**
>
> 由于公司高层距离岗位的层级较远，对岗位的工作内容并不完全了解，因此他们在看简历时往往不会太在意"工作内容是否符合"，而更在意简历反映出的个人特质。

就拿前面案例中提到的法务岗位来说，HR筛选的硬性标准可能是"2年同岗经验，同行业，毕业于985院校的法学专业"；直属领导在意的可能是求职者日常工作完成的数据和工作结果、是否能和现有团队契合。但这些与岗位密切相关的事项，公司高层并不在意。他们在意的是看到简历时的第一感觉，比如简历反映出的个人特质。由于晕轮效应，一旦公司高层对求职者的某一个记忆点有了明确认知，那么很有可能会基于这一点对这位求职者做出整体的判断，进而做出是否发送Offer的结论。

因此在准备简历时，我们要尽量确保自己与众不同的点是绝对的加分项，例如，在职业领域的重要竞赛中获奖，又或是业绩屡屡成为团队第一。而对于一些无法确保所有人都能正面感知到的特点，如艺术照、业余爱好等，则建议不要放进简历。这些与众不同的点决定了它们会立刻成为简历的记忆点，而这些记忆点在很大程度上能决定你在简历筛选中最终轮的成绩。

如何升级简历

作为游戏的重度爱好者，张小白热衷于给自己升级装备。而求职时，简历也同样需要升级，才能在求职中胜出。

所以，让我们和张小白一起来了解一下简历的构成，并开始简历的装备升级之旅吧。

2.2.1 了解简历的构成

想要用好简历这个装备,我们需要先了解它的构成。

一份完整的简历通常包括个人信息、个人概况/小结、工作经历、项目经历、教育经历与职业技能等。

(1)个人信息一般处于简历的顶部,主要介绍个人的基本情况,通常包括姓名、手机号、性别、年龄等。

(2)个人概况是关于自己情况的总结,也有人把它作为"个人小结",置于简历的最后。它是非常重要的部分,但常常被许多人忽略。

(3)工作经历通常是占据简历篇幅最大的部分,包括了每段工作履历的时长、任职公司、岗位、工作内容详情等。对于这部分内容,几乎所有简历中都会包含,但却常常缺乏亮点。

(4)项目经历叙述过往工作中的重大项目,通常包括项目时长、项目详情、个人在项目中承担的角色等。许多人的简历中会忽略项目经历,或者直接把项目经历和工作经历合并。

(5)教育经历占用篇幅较小,能描述清楚毕业院校、专业、就读时间即可。

(6)对于某些需要特定技能的岗位,一定要准确描述相关技能的掌握情况和证书信息。对于其他岗位,则是陈述语言能力和对办公软件的掌握情况。

2.2.2 简历模板需要美化吗

许多人都喜欢给游戏中的角色设置精美的皮肤,除了令人赏心悦目,还能增强必胜的信心。那么问题来了，简历也需要漂亮的皮肤吗？——答案是肯定的。

在给简历设置精美的皮肤之前，我们需要先了解简历在不同的使用场合的区别。

1. 招聘网站的展示简历

使用招聘网站求职时，所有的网站都会要求你一步步填写个人基本信息、教育经历、工作经历等信息。填写完成后，展示出的简历格式是一模一样的。

因此你只需考虑内容，无须在意简历的精美程度。只要不是语句不通顺或错别字多，基本算合格。但也因为是标准化的呈现方式，所以如果你有某一方面的内容缺失或者有明显劣势，则会越发显眼。与此同时，你个人优势的突出之处，也可能会因为千篇一律的排版而被湮没。这也是为什么绝大多数人在求职时都会专门制作一份定制化格式的简历。

2. 自制简历

自制简历完全由个人制作，排版与各模块的呈现顺序也完全由求职者决定。这种版本的简历通常作为招聘网站的附件上传，也可以通过微信、邮箱等方式进行投递。另外，在现场面试时，可以将其打印出来随身携带。

除了使用场合较为广泛，自制简历最大的优势是可以根据个人优劣势量身定制，通过排版、内容描述，使求职者最大程度地与岗位契合。

由于是定制版本，这一类型简历的差距可谓是天壤之别。好的简历不但能在岗位匹配度上扬长避短，视觉上也能令人赏心悦目。

3. 手动填写版简历

有的公司在面试时会要求候选人手动填写公司的登记模板，通常也包含了简历的各个必要模板。

手动填写简历在传统行业和蓝领岗位面试中依然大量存在。现在大部分公司是电子化办公，纸质简历越来越少见。但如果你在面试中遇到了需要填写纸质简历的情况，需要注意，填写内容务必与电子版简历一致。如果两个版本有出入，则很容易被判定为简历作假。

了解三个不同的简历版本后，我们会发现，只有自制简历是需要额外定制皮肤的，也就是需要使用简历模板。网上虽然有许多精美的简历模板，但这些简历模板能够做到的只是确保下限——在既定格式上填写，不遗漏关键信息。不要对简历模板抱有太高期待，无论这个皮肤多么精美，都无法在求职中帮你提升战斗力。如果皮肤过于花哨，还会起到反作用。

使用简历模板的最大意义在于，规范排版设计和防止遗漏关键信息。在 WPS 中新建 Word 文档，搜索"简历"即可看到众多免费模板，选择视觉上较为简洁大方的即可，然后在这个基础上突出自己的优势，隐去自己的劣势，形成自己的定制化简历。

2.2.3 让你的简历与众不同

如何让自己的简历脱颖而出？要知道，简历这个装备存在的意义，不是为了概括你过去的工作经历，而是为了展示你有多么优秀、多么适合要应聘的岗位。只有意识到这一点，你才能更好地升级简历装备。

撰写简历之前,你需要对自己有清晰的职业定位,了解自己的优势与劣势。关于这一点,你可以根据表2-1来自我发现。

表2-1 职业定位表

分析项	优势	劣势
行业前景		
行业与岗位壁垒		
专业技能		
工作经验		
自我描述		
目标企业期望特质		
特殊记忆点		

在填写职业定位表时,应填完一项再填下一项,对于每一项,如果有明显的优势或劣势,可以用关键词记录下来。

1. 行业前景

关于行业前景如何,需要在阅读大量行业研究报告后得出结论,并据此确定目标行业。如果你目前所在行业有明显的上升趋势,则建议尽量留在原行业。如果行业下滑趋势明显,则需要选定1~3个目标行业,重新进行调研,直至最终确定合适的目标行业。之后,再思考下一个分析项。

对于想要转行的人来说,新行业的选择尤为重要。以下几种方式可以帮助你做出选择。

(1)选择与原行业是上下游产业关系的行业。比如,农产品转向食品加工产业(下游产业,产品附加值增加),零件生产转向汽车产业(下

游产业,从利润较低的制造业转向利润较高的汽车行业)。

(2)选择与原行业有可共享资源的行业。如前文提到的,当手机万能充电器产业由于技术革新逐渐退化时,原本的销售人员可以转向其他需要电子产品销售的行业。

(3)观察本行业比较厉害的人在转行后去了哪儿,如果大部分都流向了同样的其他行业,那么你也可以考虑这些行业。

(4)请教较为资深的 HR、猎头或职业咨询人员,询问他们的建议,作为考虑项。

不管通过哪种方式得到了答案,在得到答案后,应再对该行业进行调研、了解。一方面是出于对自身职业生涯的负责;另一方面,这些知识在后续的面试准备中也用得到。

2. 行业与岗位壁垒

如果你所在的行业进入壁垒较高,那么它就是你的优势。如果想转行进入的行业的壁垒较高,那么它就是你求职的劣势。

岗位不同,行业相关性也有所不同。行业之间的壁垒,对不同岗位的影响程度是不一样的。例如,同样是软件工程师,做 SaaS 开发的软件工程师和开发娱乐类 App 的软件工程师很难相互跳槽。但这两家公司的 HR 或者行政等后台岗位的员工,相互跳槽就容易多了。由此可见,不同岗位面临的跳槽难度是不一样的。

3. 专业机能

你想从事的岗位,需要哪些专业技能?其中哪些是你擅长的,哪些是你有经验的,哪些是你不了解的?

在表 2-1 中将这些一项项列出来。尤其是对于你擅长的专业技能，如果有实际的工作内容或项目经历能够体现，那么要先做出标记。这个部分是一定要通过简历来重点展示的。如果有工作经验但没那么突出的优势，比如对于应聘的行业或岗位，自己掌握了一些比较新兴的技术，也可以标记一下，在简历中作为个人优势进行展现。如果只是常规的工作内容，就不用刻意突出了。

对于有些专业技能，岗位需要，而你不了解，这明显就是你的劣势。因此，这就不是调整简历可以解决的问题了。如果未来继续从事这个岗位，你就需要补足该项。

4. 工作经验

在过往的经历里，看看有没有能够证明你可以胜任下个工作岗位的例子。

这类例子可以是工作经历，如成功的项目；可以是个人特质，如坚韧的性格或缜密的逻辑思维能力；甚至可以是较好的人际关系等。发散思维想一想，把这些例子简单记录一下，它们可以作为你的优势出现在简历里。

5. 自我描述

用 3~5 个形容词来描述你的性格，真实地表述自己，然后思考：这些形容词所代表的性格特质，哪些能帮你更好地完成工作？哪些会阻碍你的工作？

能帮助你更好地完成工作的特质，可进一步挖掘举例，如曾经的某个工作经历。对于会阻碍工作的特质，要审查一下，看它们是否已经出现在简历里。如果有，建议删除简历中的相关内容。

6. 目标企业期望特质

思考一下,你有没有明确想加入的目标企业?如果没有,这一项可以跳过。如果有,就分析这家企业比较倾向招什么样的候选人。然后对照自身,看自己身上的哪些特质是可以向这个方向靠拢的,又有哪些特质是需要合理规避的。

7. 特殊记忆点

最后,思考一下你目前的简历里有没有与众不同的记忆点,能让人一下子就注意到?

比如,获得的奖项、完成的重大事件,又或者是前文提到的附件中粘贴的艺术照。

需要注意的是,要确保你的记忆点是完全正向的。也就是说,要确保这个记忆点所体现的你的相关特质,能让简历的阅读者感知到你的优秀。

> **Tips**
> 对每一项的思考,目的在于帮助你从各个维度定位自己。你一定可以发掘出几点突出优势,也会发现自己在求职时的劣势。然后利用晕轮效应,放大优势,弱化劣势。

第 3 章
决定成败的关键
——基本信息

　　基本信息位于简历的顶端,也是最先映入 HR 和部门经理眼帘的内容。还记得前面提到的首因效应吗?先呈现的信息往往比后呈现的信息更容易给他人留下深刻印象。

　　因此在简历的表述上,最先呈现的基本信息部分,也往往决定了 HR 和部门经理对你的第一印象。

简历模块一——个人信息

个人信息,顾名思义,是关于求职者个人的基本情况。在众多的简历中,求职者的个人信息详细程度差别巨大。有的人会详细列出个人的方方面面,个人信息就占据了半页纸的面积;有的人则极为简洁,甚至会隐藏姓名、省略手机号码。

在实际的简历筛选中,什么样的个人信息更有利于通过简历筛选关呢?

3.1.1 超全个人信息总结

个人信息包含的内容很多,可把它们分为"必备项"和"可选项"两个部分。

1. 必备项

(1)姓名:一般建议写身份证上的姓名,不要使用化名,更不要随意使用网名。有些背调严格的公司,若简历姓名和真实身份证姓名不一致,是会引起录用疑虑的。如果非常注重个人隐私,则可以使用"张先生""张女士"这样的简称。

(2)手机号码和邮箱。这两项都是为了方便用人单位与你联络,因此务必反复确认手机号码和邮箱的准确性。如果手机号码多一位或少一位，手机号码更换后未及时更新简历，邮箱出现字母或数字错误等状况，不仅会影响面试邀约和 Offer 的发放，也会让 HR 在和你面试之前，就先得出你"粗心大意"的结论。

2. 可选项

（1）照片：一般位于简历左上角或右上角，使用 1 寸大小的证件照。尽量避免照片面积过大，或者过于生活化。另外，需要注意的是，除非招聘方有明确要求，否则一般不用额外附带个人生活照。

（2）性别与民族：均如实填写即可。

（3）年龄/出生年月：年龄和出生年月二选一即可。

（4）籍贯：也就是户籍，可以具体到城市，也可以到省。如果你是安徽合肥人，那么你的籍贯可以写"合肥"，也可以写"安徽"。

（5）政治面貌：党员或群众。不要写成"政治面貌：清白""政治面貌：无犯罪记录"等。

（6）婚育情况：未婚/已婚。也有一些已婚已育的女性会表述为"已婚已育"。

（7）工作年限：一般以全日制学业结束的年月作为起始点来计算。如果是在毕业前有超过半年的实习经历，也可以酌情计入。

（8）工作地点：一般具体到城市，如果城市较大，也可准确到区。

（9）目前状态：包含了现在就职的行业、岗位，具备的专业技能，薪资状况等，根据实际情况填写即可。如果因为个人隐私，不想透露过多，那么可以直接删除"目前状态"，但一定不要表达为"目前状态：保密""目前薪资：保密"。

（10）目标状态：包含你期望加入的行业、岗位、薪资状况等，根据真实期望填写。许多人的定制简历是复制招聘网站的版本，期望行业和岗位常常会出现好几个。这会给 HR 传达出你的自我定位和求职目标均不清晰的信息。如果期望的行业或岗位有好几个，那么你可以制作多份简历，尽量避免在同一份简历上同时出现多个期望行业、期望岗位的情况。

（11）求职状态/到岗时间：二选一即可。区别在于，前者一般表述为"离职/在职"，后者可表述为"可即时到岗/2周内到岗/1个月内到岗"。

3.1.2 有舍弃，才有加分

既然个人信息包含这么多内容，那么是否都要放进简历里呢？当然不是。

> **Tips**
>
> 个人信息的内容并不需要大而全地在简历中展示。简历中呈现哪些内容，取决于它是否对求职有利。除了必备的姓名、手机号码和邮箱，其他的每一个选项，都可以用这一标准来衡量取舍。

（1）照片：取决于岗位，对于销售、市场、前台等需要和公司外部人员接触的岗位，形象专业的证件照可以为你的简历加分；而软件开发、医药研发等无须对外沟通的专业岗位，有无照片对简历筛选并无任何影响。总的来说，可以没有照片，如果有，则最好使用职业证件照。

（2）性别：一般建议填写。但如果你所在的岗位有潜在的性别歧视风险，而你又刚好不是期望的性别，那么可以先不写。

（3）年龄/出生年月：一般建议填写。但如果你较为年轻就开始从事管理岗,不希望用人单位因为年龄而质疑你的管理经验,或者你所在的行业对年龄有"35岁歧视",则可以不写。

(4)民族:一般无须填写。但如果是求职国企或事业单位,你是少数民族的话可以写。

(5)籍贯:一般无须填写。尤其是异地工作,籍贯所在地与工作地点不同的时候,写出籍贯反而可能会引发用人单位对稳定性的担心。相反,如果是本地人在当地求职,为了表达"我较为稳定,并且能说当地方言",则可以写籍贯。

(6)政治面貌:如果是党员,建议填写,一般会加分。如果是群众,则无须填写。

(7)婚育情况:取决于你求职的行业对此有无歧视。有些公司会更加倾向已婚已育的女性员工。

(8)工作年限:建议如实填写。

(9)工作地点:建议如实填写。但如果你的期望工作地点和目前工作地点不同,则可以只填写期望工作地点。用人单位在招聘的时候,会优先考虑能够立刻面试的人。发放Offer时,也会更加倾向本地的候选人,这样就无须担心异地候选人因不想更换城市而拒绝Offer的情况发生。

(10)目前状态:如果你目前所在的行业、岗位和期望求职的行业、岗位一致,那么只填写目前状态即可。如果是寻求转行、转岗,那么建议只填写目标状态。对于目前薪资和期望薪资,应至少填写一个。有些人会介意在简历中透露薪资信息,这种介意更多源于对直接谈钱的害羞感。但想要拿到高薪,在求职时表明目前薪水,并基于此为自己争取合

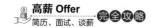

理涨幅的薪水是非常必要的。

（11）目标状态：如果你对求职行业或岗位有明确的目标，简历中表明目标状态会让你的求职公司意识到你的强烈动机。但如果没有明确倾向，或者列出一连串的目标行业和岗位，反而会让求职公司觉得你完全没有职业规划。

（12）求职状态/到岗时间：强调稳定性的行业会更倾向目前在职的候选人，不介意等一个月的交接期。节奏快的行业则会更倾向已离职的候选人。所以求职状态和到岗时间要不要填写，取决于你所在的行业和你自己的情况。如果是符合行业期望状态的，就如实填写，反之则不写。

总而言之，将那些你能够预估到的会引发招聘方顾虑的个人信息全部删去。防止因为简单的个人信息呈现，就被直接拒绝。

呈现个人信息部分的作用是凸显优势项，避免劣势项。我们需要让 HR 或部门经理的视线进入下一个部分——个人概况。

简历模块二——个人概况

对于个人概况/小结，在简历中常见的不是个人概况，而是个人小结。它往往位于简历的最后，是对个人的工作经历和专业技能做出总结，也常常附上一些个人兴趣爱好。

无论被称为"个人概况"还是"个人小结"，这一部分都是对个人履历的高度总结，用短短几句话、几个关键词让用人单位对你建立起初步认识。

3.2.1 被严重低估的"存亡点"

张小白在简历的最后，端端正正地写着："热爱工作，性格开朗。擅长团队合作，能够高效完成工作。喜欢旅游，去过中国大部分省份。喜欢唱歌，曾经是校园十大歌手。"

但是，简历中的"个人小结"可能是浪费，而"个人概况"也可能是被严重低估的"存亡点"。关键就在于它的位置。

当作为"个人小结"出现在简历最后时，这一段概况是很难被看到的。因为HR会根据关键词筛选简历，部门经理更加关注工作数据，而公司高层更在意个人特质。无论阅读者是谁，都很难关注到位于简历末尾的个人小结，因此认真撰写的个人小结，通常会被浪费掉。

> **Tips**
>
> 个人概况可以理解为简历的"精彩预告"。因此它应该像节目预告那样展现出精彩，要让别人看完个人概况后先对你产生期待，先入为主地觉得你是个不容错过的候选人，紧随其后的工作经历、项目经历等，只是进一步为你精彩的个人概况提供的佐证。

由于晕轮效应，我们常常会因为一个人的显著特征而忽略他的其他部分。当简历的阅读者通过个人概况对你留下较好的印象后，带着这个光环再去阅读简历的后续内容，一些不那么严重的缺点会被忽略。

因此，"个人概况"常被称为简历的"存亡点"。这个部分也是每一位求职者拿到Offer、拿到高薪的关键。我们需要在个人概况中精准地击中 HR 和部门经理的痛点，让他们想要立刻与我们进行面试。

在这个部分，我们要怎么夸奖自己才能达到这样的效果呢？我们对比一下张小白在简历中关于个人概况的两种不同表达方式。

▷▷ **第一种：**

较强的手绘基础，可以在需求前期绘制设计稿，提高需求对接效率。根据需求独立完成游戏所需的技能特效、UI 特效、场景特效，并绘制相关贴图、模型等美术资源。具有较强的语言沟通能力，较高的沟通积极性，良好的合作态度及团队精神，富有工作热情与责任感。专业技能学习能力强，抗压能力强，喜欢有挑战性的工作。

▷▷ **第二种：**

- 2 年游戏行业特效经验，有完整的上线项目经历。
- 熟悉 Unity 引擎，能熟练使用 Unity 粒子系统，熟悉 UE4。
- 美术专业科班，具备良好的审美，较强的手绘基础。
- 沟通能力强，团队合作能力佳，抗压能力强；学习能力强，喜欢有挑战性的工作。

如果你是游戏公司的 HR 或者主美，这两种表述哪个更能打动你呢？答案明显是后者。仔细对比会发现，这两段表达的核心技能是一样的。第一种表述甚至字数更多、自我夸奖的话也更多，但无法让人留下深刻的记忆点。而第二种表述，由于梳理了逻辑，使用了客观描述（数字方面使用 "2 年经验"，软件方面使用 "Unity、UE4"），虽然自我夸奖的话语变少了，但反而更有说服力。

由此可见，个人概况绝不是简单地堆砌自我优势，它是经过逻辑梳理、排版设计的精准描述，是高度精练的职位契合点，是简历能否进入面试环节的关键"存亡点"。

 Tips

在写个人概况时，不要简单地堆砌自己的优势，而应将自己的优势进行逻辑梳理并排版设计，使条理清晰、表述精准，从而使简历能进入面试环节。

3.2.2 展示与工作无关的爱好有错吗

许多人会在简历的个人概况或个人小结里提到个人爱好。爱好唱歌的张小白，也把这项爱好加入了个人概况中。

- 2年游戏行业特效经验，有完整的上线项目经历。

- 熟悉Unity引擎，能熟练使用Unity粒子系统，熟悉UE4。

- 美术专业科班，具备良好的审美，较强的手绘基础。

- 爱好唱歌，大学时多次获得"校园十大歌手"称号。

- 沟通能力强，团队合作能力佳，抗压能力强；学习能力强，喜欢有挑战性的工作。

好像问题也不大，只是这个爱好和本职工作无太大关联，但还没到给简历减分的程度。毕竟张小白现在刚毕业2年，还算职场新人。但是10年之后呢？来看看已经担任大型游戏公司特效组组长的张小白的个人概况。

- 12 年游戏行业特效经验，有多个项目参与立项、全流程跟踪管理、项目上线经历。
- 5 年团队管理经验，团队成员 10 人左右。
- 精通 UE4、Unity 等主流软件。
- 美术专业科班，审美与新技术的融合。
- 爱好唱歌，大学时多次获得"校园十大歌手"称号。
- 沟通能力强，擅长激励团队成员；责任心强，能高效推进项目。

10 年过去了，张小白还是很喜欢唱歌。但这个爱好在他众多强调"行业资深经验、较强管理能力"的表述中，显得格格不入。个人概况里与职业形象完全无关的一句"爱好唱歌，大学时多次获得'校园十大歌手'称号"，会较大程度地影响用人单位对求职者专家形象的建立。

公司在招聘时，不会只面试一位履历合格的候选人。这就意味着和张小白的简历一起被看到的，还有好几份有十年左右特效经验的特效组组长的简历。张小白大概率是唯一一位爱唱歌的求职者。这个与众不同的点，会取代张小白其他所有的专业技能和经验，成为他整份简历的记忆点。他的专业技能、管理经验可能完全不输其他候选人，但是他被记住的点，却只剩下了"爱唱歌"。这也正是我们前文提到的晕轮效应，张小白爱唱歌的显著特征与众不同，会让人忽略他的其他优势。

不过这也不是绝对的。再来看看同样有十多年工作经验的柳柳，她想应聘的是大型零售公司的行政主管。

- 12 年行政经验，擅长筹办公司大型活动，熟悉办公室行政管理、行政采购事宜。

- 5 年团队管理经验，团队成员 3 人左右。
- 多次负责公司年会、销售庆功会等活动的筹办，且多次担任主持人。
- 爱好唱歌，大学时多次获得"校园十大歌手"称号。
- 沟通能力强，擅长跨部门协调；细心，责任心强，能高效推进项目。

相同的工作年限，同样应聘大型企业的主管岗位，爱唱歌的柳柳大概率会因此加分。作为行政主管，其中一项重要工作内容是筹办公司内部的大型活动。她的个人概况呈现出的职业形象，不仅能够很好地完成筹办任务，还能够提供附加值——主持与唱歌表演。那么相较于其他同样有大型活动筹办经验的候选人，柳柳与众不同的"爱好唱歌"，就会成为她的记忆点，让她的简历脱颖而出。

所以结论很简单，爱好是否需要写入个人概况，取决于它是否能为你的简历加分。对于应聘行政主管的柳柳，当然应该写进去；而对于应聘特效主管的张小白，爱好唱歌并不会加分，因此不需要写进简历里。

> **Tips**
>
> 简历是求职工具，也是公司判断你是否适合岗位的初步筛选依据。因此与工作无关的、不能让你获得这份工作的内容，都应当尽量避免。

3.2.3 了解通用个人概况模板

个人概况在简历中的地位很重要，几乎是决定简历通过筛选的关键。因此在撰写时一定要慎之又慎。

为了让简历的阅读者更好地抓住重点，我们的个人概况不能是整段的文字。在对简历的快速浏览中，大段文字很容易令人错过重点。正确

的处理方法是,要有逻辑,分条列出,每一条表达不同的重点。第2章中所介绍的职业定位表,此时就派上了用场。重新阅读一遍你写下的个人优势,再来看下基本的个人概况模板。

- X年××行业或岗位经验,擅长××专业领域的相关技能。
- 1~3条专业领域的技能。可以列与岗位有关的证书、擅长使用的软件,也可以描述结果、陈述数据,或使用正面描述。
- 1条通用技能,如办公软件、语言能力等。
- 如有必要,可适当增加其他闪光点,如学历、重大事件等。
- 1条个人性格特质,结合个人优势和岗位需要进行填写。

1. 个人概况的开篇

开篇通常是用阿拉伯数字概括自己的从业经验,具体来说就是同行业、同岗位经验,然后是一句话的具体表达。要确保写下来的都是能证明自己与目标行业、岗位相匹配的优势。

如果行业、岗位壁垒较高,你也打算继续留在原行业、原岗位,可以毫不犹豫地把行业和岗位都写上,如"12年游戏行业特效经验"。

如果你想转行,岗位不变,例如,你想从制造业跳槽至汽车行业,继续从事财务岗位,那么不提行业经验而只提岗位经验才是更明智的写法,如"5年财务经验"。

如果想要转岗,则需要在此处尽量挖掘自己和目标岗位契合的地方,比如,工作了3年的行政想要转岗HR,"3年行政经验"对她获得这个岗位显然没有帮助,但"3年企业内部沟通协调经验"则是从工作内容上反映出了,同样是作为支持业务的后台岗位,她有和HR的共通之处。

而如果你是应届生,则可以写同岗位的实习经历,也可以直接进入下一条。

2. 专业技能总结是个人概况的重中之重

与目标岗位匹配的专业技能是表明你能胜任的有力佐证。不同的岗位需要的技能不同,能够提供的"证据"也不尽相同。对于工作中需要使用必要软件、工具、证书的,一定要专门列出一条,让简历阅读者能够一眼发现。另外,对于你脑海中的知识掌握程度,你需要通过一些结果性描述让他人感受到。例如,作为电商设计师,你的专业技能可能需要这样两条:

- 精通 Photoshop、C4D,熟悉 AI 绘图流程。

- 擅长店铺海报与商品头图设计,作为主设参与过公司"双 11"大促的 Banner 和主要海报制作。

如果你的工作中有关于关键结果的数据,此处它便可以为你的专业能力提供强而有力的证明。例如,销售人员的销售额,招聘 HR 的到岗率。但也有许多应届生和想要转岗的职场人,在面对专业技能时感到无话可表,这主要是因为不清楚目标岗位的职责。

在做职业定位时,就需要有明确的求职目标。你的职业定位不仅仅是分析自己,更多的是分析你和目标行业、岗位的匹配度。如果你运用职业定位表认真分析、匹配岗位,专业技能部分一定能够言之有物。如果作为应届生,缺乏相关的专业技能,那么你可以尝试从岗位特质角度去发掘潜力,例如:

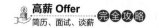

- 能熟练使用 Photoshop，目前正在学习 C4D 中。
- 具有较强的学习能力，热爱钻研设计，能够根据反馈不断精进设计。

3. 通用技能

通用技能一般是指具有的语言能力和对办公软件的掌握程度，同样是有必要、有优势才需要描述，描述时要注意对掌握程度的具体化。

例如，想要加入外企，通常要强调自己的语言能力，如"听说读写熟练，英语可作为工作语言"——前半句概括表达，后半句具体描述。有的岗位对某项办公软件的实操能力有较高要求，熟练掌握此办公软件可获得竞争优势，在此便可以表述为"能够熟练使用办公软件，尤为擅长 Excel，熟悉各项函数公式"。

4. 加分记忆点

如果你有明显为自己加分的记忆点，则可以在个人概况中额外增加一句表述。比较常见的是较为突出的教育背景、获奖经历等。注意，在此出现的独特记忆点非常容易成为你简历的晕轮效应点，影响别人对你的整体判断。因此务必确保你的记忆点是百分百能为履历加分的，如"毕业于北京大学"。而"爱好唱歌/跳舞/跑步"等兴趣类的记忆点，则风险较高。

5. 职业相关的个人特质

对个人性格特质的描述，要同时考虑自身实际情况和岗位需求，可对照你的职业定位表，确保只填写了"自我描述"和"目标企业期望特质"的优势项。这部分内容也有一些共通的参考：如果是职场新人，一般建议表达学习能力、高执行力、高潜力、团队合作能力等;如果是管理岗位,则可以描述团队管理能力和项目推进、跨部门沟通能力;如果是资深专家,则可以强调专业技能与战略思考能力。

3.3 简历模块三——教育经历与职业技能

教育经历和职业技能都是作为过往学习结果在简历上呈现的。教育经历是简历的必备模块,而职业技能不是必备模块,一般可根据岗位需求增加。它们在简历上占据的篇幅较小,但位置显眼,传递的信息也会影响求职结果。

3.3.1 位置在哪儿有讲究

大部分简历中的教育经历都在工作经历之前,原因可能是大部分人的第一份简历都是大学刚毕业时制作的。作为应届生,教育经历几乎可以说是简历中最重要的信息,所以位于简历的核心位置。工作若干年后跳槽,许多人对简历的更新只是在最初版本上增添内容,这样的方式虽然省心,但并不利于求职。

教育经历在简历中的常见位置有两处:一处位于个人信息之后、工作经历之前;一处位于简历的最后。教育经历具体放在哪里,取决于你

的实际情况。

教育经历位于个人信息之后、工作经历之前的几种适用情况如下。

1. 应届生求职阶段

无论是寻找实习机会还是寻求长期从事的第一份工作，应届生一般会将教育经历放在简历靠前的位置。一方面是因为作为应届生，毕业院校与专业是用人单位重要考量的部分；另一方面是因为应届生本身没有工作经历，教育经历属于个人核心竞争力。

2. 名校毕业背景

如果你毕业于国内的名校，那么可以将教育背景置于简历的靠前位置。除了学校背景能够增加你的个人光环，丰富的校友资源也会成为你的潜在助力。如果 HR、部门经理或公司高层刚好是你的校友，则很有可能因为校友的惺惺相惜，无形中提高你被录用的概率。至于海外名校，如果不是知名度堪比牛津大学、哈佛大学的名校，在国内求职并不会有太多优势，也无太多校友资源，因此不适用此排版原则。

3. 目标岗位与专业相关

如果你目前的工作内容与目标岗位并无太大关联，但大学专业与目标岗位较为相关，在这种情况下，教育经历比工作经历更能说明你与岗位的匹配度，因此要前置。

除了以上三种情况，其他所有情况均建议将教育经历位于简历的最后。

尤其是以下这种情况，若教育经历位于工作经历之前，则可能会让你的简历直接被拒！——工作多年后的专家岗或管理岗，毕业于普通院校。这部分求职者在职业发展中取得了很耀眼的成绩，有的成了资深专家，有的成了很好的团队管理者。如果把教育经历置于耀眼的工作经历前，反而会令人产生"他挺普通"的错觉。这一认知会影响到 HR 或部门经理对你优秀工作表现的观感。

常常和教育经历共同出现在简历上的还有职业技能。有的人会将职业技能和教育经历合并，有的人会单列出模块。两种处理均无问题。对于无证书要求的岗位，建议将语言能力（如英语）和办公软件操作等常规技能合并展示，既可以确保信息完整，又可以缩短简历的篇幅。而对于一些特别在意专业技能的岗位，如研发类、需要持证上岗的岗位等，则可以考虑将职业技能移至工作经历之前、个人概况之后，用极少的篇幅让简历阅读者立刻发现你能够胜任岗位。

3.3.2 教育经历中哪些内容要写

1. 简历中要不要写大学课程

大部分应届生和部分已经有工作经验的职场人，会在简历中教育背景部分罗列出大学里学习的课程，甚至多达四五行。

其实，已经有工作经验的职场人，是完全没有必要列出大学所学课程的。即使是应届生，也不建议一一罗列，除非你的目标岗位与所学专业强相关，并且你的简历除了大学课程，没有其他可以发掘的匹配点了。

在真实招聘阶段，每个 HR 都会快速浏览数以千计的简历，筛选出能够面试的合格简历。在这一过程中，对教育经历的筛选通常是关注"学历是硕士、本科还是大专"，对专业技能有要求的，通常会具体到

"计算机相关专业""临床医学相关专业"等。几乎不会有公司具体要求到大学所学课程的。换句话说,你详细罗列的大学课程,除了占据简历篇幅,并无任何作用。

2. 要不要写奖学金

奖学金和大学课程最大的不同在于,奖学金是有竞争性的,是你凭借自身努力得到的。而大学课程则是"只要是这个专业都会学的"。能够得到奖学金,是你在大学期间学习能力强、自律性强的很好佐证。对于应届生,无论奖学金大小,建议全部罗列在教育经历后。如果有连续获得的小奖项,可以合并表述为"多次获得校二等、三等奖学金"。

而对于有工作经验的职场人,较小的奖学金项可以随着工作经验的增加而逐步删除。但对于重要荣誉,如国家级奖学金或专业领域内的重要奖项,可依据自身情况酌情保留。

和奖学金类似的是 GPA 或班级/年级排名。它们同样具有竞争性和不易获得性,因此如果你在某方面有较好表现,那么也需要在简历中有所体现。同样,应届生在求职时可将其全部罗列,日后随着工作年限的增加,可以逐渐省略 GPA 和排名情况。因为随着工作经验的增长,用人单位会越来越在意"你能做什么工作",而不是"你在大学里有多优秀"。

> **Tips**
>
> 奖学金或成绩、绩点排名等具有竞争性,是你在大学期间学习能力强、自律性强的佐证。因此建议应届生在简历中详细罗列出奖学金相关信息。随着后续工作经验的增加,再根据奖学金项的大小和自身情况酌情保留或删减。

3. 要不要写学校排名

这个问题通常是归国求职的留学生需要考虑的。国内接受高等教育的大学生常常提到的是"985/211/双一流",用人单位和 HR 对此也有较为清晰的认知。留学生对学校的认知主要基于 QS（Quacquarelli Symonds,英国一家国际教育市场咨询公司）世界大学排名,然而国内的 HR 和部门经理对此往往缺乏认知；外企 HR 对海外名校的认知度相对较高；民营企业的部门经理,尤其是金融和互联网行业的中层,他们通常会将没有听说过的海外名校归为"一般大学"。

因为长期生活在海外,自己学校的 QS 排名较高,留学生就会下意识地觉得自己在学历上是有竞争力的。但现实是,QS 排名前 30 的海外名校在校招中很可能还不如国内的 211 大学。这种情况下,可以将毕业院校与国内院校进行对比填写,以方便 HR 和部门经理准确感知你的优秀。

假设张小白毕业于苏黎世联邦理工学院,归国后想找到一份软件开发的工作。

- 2021.09—2023.06　　硕士　　计算机科学　　苏黎世联邦理工学院

HR 大概率会在看到他的本科毕业院校后才能做决定。如果 HR 的本科也是海外的大学,而且 HR 没有听过这个学校的名字,那么这个简历是很可能被拒的。但如果你的教育经历是这样的呢？

- 2021.09—2023.06　　硕士　　计算机科学　　苏黎世联邦理工学院
- 注：2024 年 QS 世界大学排名第 7,超过北京大学 QS 17 与清华大学 QS 25

相信 HR 不需要再确认他的本科院校了，会立刻邀请他来面试。

3.3.3 教育经历的标准格式

教育经历的格式较为简单，只需表达清楚就读时间、学校、专业、学历等信息即可。一般时间在前面，一行表达清楚即可。如：

2015.09—2019.06	本科	法学	中国人民大学
2015.09—2019.06	本科	中国人民大学	法学
2015.09—2019.06	中国人民大学	法学	本科

这三种表述均无问题，可根据个人习惯选择。只是如果有多段学习经历，或有硕士或者双学位等，前后一定要采取相同的格式，而且要采用倒序，即距离现在较近的写在前面。

| 2019.09—2021.06 | 硕士 | 中国人民大学 | 法学 |
| 2015.09—2019.06 | 本科 | 中国人民大学 | 法学 |

如果要加上奖学金或 GPA 等信息，一般 GPA、年级排名紧随专业后，奖学金用小号字体另起一行，如：

2019.09—2021.06　　硕士　　　　中国人民大学　　　法学（GPA 3.66）
国家奖学金，校一等奖学金

2015.09—2019.06　　本科　　　　中国人民大学　　　法学（GPA 3.85）
在读期间多次获得校一等奖学金

第 4 章
打造履历高光点
——提炼经历

张小白很清楚工作经历的重要性,也很想在工作经历中更详细地展示自己的工作能力,于是将各种陈述堆积在一起,结果写得像作文。

不仅是工作经历,还有项目经历、校园经历等。全部叙述完毕后,简历似乎完全抓不住重点,连自己都看不下去,更不要说体现出自己是个优秀的青年了。

其实张小白弄错了一点,经历本身的确重要,但更重要的是通过对经历的描述,表明自己与岗位的契合度,以及表明自己比别的候选人更加胜任这份工作。

本章就让我们和张小白一起,来探索经历模块要如何表达,才能够获得进一步面试的机会。

简历模块四——工作经历

对于职场人来说，工作经历是简历的重中之重。对于刚毕业的大学生，如果能够有一两段相关的实习经历，也会为简历增色不少。在简历里，工作经历往往紧随个人概况。在高度精练的自我夸奖式的个人概况之后，我们需要有一段客观、有条理、有数据的经历，来证明自己的个人概况所言非虚。

4.1.1 工作经历常见误区

▷▷ **误区 1：堆砌文字**

在工作经历的表述上，常见的误区就是前文提到的把简历写成了作文。下面我们来看一下电商行业市场从业人员在简历中关于工作经历的表述：

配合电商团队制订年度营销计划，根据大促节点策划营销活动，年度 GMV 超 2500 万元，整理活动数据，并进行复盘优化，持续优化方案与提升活动效果，负责与达人对接，根据品牌形象联络合适达人，建立长期合作，编辑和审核产品宣传物料，包括公众号、产品发布、宣传册等。

虽然上述内容较为丰富，但大段的文字堆积在一起，甚至标点符号都没有起到应有的作用。这样的文字表述从格式上就劝退了面试官。现在请大家试着快速扫过自己简历中的工作经历，如果你无法在两秒内定位到重点文字,那么它的表述就是不合格的。

总结:工作经历的描述需要更多的空间感,以便于阅读者快速定位信息。

在叙述工作经历时,应尝试放弃整段的文字,改为利用数字序列、换行、调整标点符号等方式,能够大大提升简历的可阅读性。

对于上面的这段工作经历描述,如果加上简单的数字序号,并在逻辑上简单归类,就可以成为一段较为合格的关于工作内容的描述。

1. 配合电商团队制订年度营销计划,根据大促节点策划营销活动,年度GMV 超 2500 万元。

2. 整理活动数据,并进行复盘优化,持续优化方案与提升活动效果。

3. 负责与达人对接,根据品牌形象联络合适达人,建立长期合作。

4. 编辑和审核产品宣传物料,包括公众号、产品发布、宣传册等。

▷▷ **误区 2:根据耗费时间的多少总结工作内容**

当大家回忆、描述自己的工作岗位时,常常会先想起花费时间较多的工作内容,并且会据此依次描述。但实际上,那些基础的、耗时的事情并没有产出关键的工作结果。

假如,张小白作为负责招聘的 HR,其工作中时间占比最多的一定是筛选简历。如果按照这一思路,他工作经历的前两条可能是:

1. 筛选简历,每日浏览 500+ 份简历,确保为岗位提供符合要求的候选人。

2. 每日电话面试 10 ~ 20 位符合简历初筛的候选人,对符合要求的候选人进行约面。每周约面试 15 场。

看起来似乎没什么问题,既准确描述了工作内容,也提供了工作数据。但这种表达方式,会让简历陷入琐碎的基础工作。如果换个思路,尝试根据关键工作结果来描述,那么上面工作经历的前两条可变为:

1. 负责研发部门的职位招聘,2023年度招聘新员工58人,岗位完成率达93%。

2. 跟踪新入职员工的融入情况,招聘人员试用期内离职率低于5%。

感受一下两种描述的区别,虽然它们描述的是同一份工作经历,但带给简历阅读者的感受是极为不同的,后者更能体现出工作结果。

> **Tips**
>
> 从关键的工作结果的角度来描述工作,并结合数据,能够让人感受到这份工作的含金量和重要性。

▶▶ 误区3:长时间任职于同一家公司

长时间任职于同一家公司的工作经历也很常见:岗位有变动,或者升职,但简历上只描写了最后一个任职岗位。例如:

2015年5月—2024年8月　　××简历优化有限责任公司　　销售经理

这样的描述会让简历阅读者认为你可能较难适应新环境、新挑战,毕竟你在同一家公司、同一个岗位待了快十年。但实际上,你真实的职业路径可能是,从实习生到销售助理,到销售代表,再到销售主管,最后到销售经理开始带领团队。不到十年时间,你经历了五个岗位,四次升职也可以有力证明你在这家公司有着优秀的业绩表现。只用最后一个任职岗位代表长期的、上升的工作,会让原本优秀的履历减分。比较好的写法是在工作经历后增加一段说明，展示自己在这个工作经历里的职位变动。

2015年5月—2024年8月　　××简历优化有限责任公司　　销售经理

注：历任岗位包括销售实习、销售助理、销售代表、销售主管、销售经理。

4.1.2 打造工作经历的高光点

常见的工作经历包括在职时间、公司名称、岗位名称、工作内容等信息。一般的格式为：

20XX年X月—20XX年X月　　公司名称　　岗位名称

1. 工作内容详情一

2. 工作内容详情二

3.……

在这样的格式里，想要打动面试官，展现自己的优秀，常规的做法是在工作内容中增加结果描述、增加数据。但其实我们有更加省力的做法——通过调整简历格式，人为地为工作经历打上高光，让面试官一眼发现我们的优秀之处。

20XX年X月—20XX年X月　　公司名称　　岗位名称

业绩达成：重要成绩一；重要成绩二；……。

工作内容：

1. 工作内容详情一

2. 工作内容详情二

3.……

虽然业绩达成部分所占篇幅并不大，只有一至两行，但是它可以将工作中重要的业绩展现出来。由于业绩达成部分在视觉上和工作内容做了拆分，并且往往只有一两行，又包含了数据，因此能够立刻抓住人的视线。以 4.1.1 节中张小白的简历为例，从关键结果的角度去描述工作内容，如增加业绩达成内容。

2021 年 3 月至今　　××简历优化有限责任公司　　招聘经理

业绩达成：连续 3 年岗位完成率高于 90%；2022 年度优秀员工（5/100 人）。

工作内容：

1. 负责研发部门的职位招聘，2023 年度招聘新员工 58 人，岗位完成率达 93%。

2. 跟踪新入职员工的融入情况，招聘人员试用期内离职率低于 5%。

只是增加了短短一行内容，就为这段工作经历打上了高光。

除了业绩达成，同样可以起到高光效果的还有公司介绍，这也是许多人会忽略的地方。为什么许多公司喜欢招曾经在名企工作的人？一方面是因为业务相近，另一方面是因为曾经工作的公司为这些人的简历增加了光彩。大家对名企的认可，部分转移到了对曾经在名企工作过的人身上。因此我们可以通过公司的光环，来为自身增添光彩。

Tips

通过调整简历格式，增添"业绩达成"和"公司介绍"，可以为你的工作经历打上高光，让面试官一眼发现你的优秀。

尤其是对于中小型企业的员工来说，可能自己的公司在细分领域内有着不错的市场占有率或知名度，但简历的阅读者并不了解。这时就需要简单介绍公司的业务范围，不着痕迹地为原本不为人知的公司提升身价——也就是为自己提升身价。举例如下。

2021 年 3 月至今　　××简历优化有限责任公司　　招聘经理

公司介绍：上海知名简历优化公司，在当地简历优化领域市场占有率居前三。

业绩达成：……

工作内容：

……

原本面试官可能对这家公司一无所知，但现在他通过这份简历知道了，张小白任职于一家还不错的小型企业。

4.1.3　打造优秀的工作经历模板

在工作经历部分，想要做好关于高光部分的表述，公司介绍、业绩达成和工作内容的描写都要注重技巧。

1. 公司介绍

关于公司介绍部分，有以下三种情况。

（1）全国知名企业。

类似于华为这样的公司，国民认知度非常高，并不需要特地介绍公司。但由于这类公司一般规模较大、业务线较多，因此为了求职更加精

准，可以用一句话描述自己从事的业务线。

（2）中型企业。

这类公司往往在细分领域有着不错的表现。我们需要突出公司的行业地位，如"中国五百强/××地区龙头企业/××行业领军企业"，或者从市场占有率、技术领先度、产品独特性等方面，来表明曾经任职的公司是一家优秀的公司。

（3）小微企业。

这类公司在行业内乏善可陈，规模也较小。这种情况下，我们可以介绍公司的行业、产品和业务范围。如果公司在某方面有较好的成绩，或者有相对知名的客户，也可以写上，如"×× 行业，生产/销售 ×× 产品，解决 ×× 问题，为 ×× 公司服务"等。

在介绍公司时，一般用一句话，一至两行就可以。利用对公司的介绍和美化，达到为自己履历提高印象分的效果。

2. 业绩达成

有了公司介绍之后，我们再把常见的工作经历拆分为"业绩达成"和"工作内容"两个部分。业绩达成就是这段工作经历里的高光，而工作内容就是大部分人简历里工作经历的主体。

这里给大家提供一些关于业绩达成的整理思路。

（1）公司内获得的荣誉，如年度优秀员工、部门优秀员工、三八红旗手等。

（2）绩效考核结果：如果公司有绩效考核并且你的考核结果还不错，那么可以写"多次月度绩效考核得到最高评级"。

（3）工作完成情况：如果有数据，此处提供数据；如果没有，则可以写"团队内业绩领先"。

（4）重大项目：如果是项目制的工作，则可以在此处列出重点项目名称，知名的客户也可以写上。

经过这样的梳理，至少"工作完成情况"这一条是可以概括出较好的工作结果的。有了业绩达成，简历在格式上会自动高亮。

3. 工作内容

通过 4.1.2 的对比和分析，我们已经得出结论：从关键工作结果的角度出发，能够更好地展现你的工作能力。基于这样的前提，我们在这一步先整理素材，再根据公式撰写就会容易很多。

我们需要收集以下两方面的素材。

（1）回忆一段工作经历里重要的工作结果是什么，然后按照结果的重要性，列出关键的工作结果。例如，前文中提到的招聘经理，最重要的工作结果就是招聘岗位的到岗率，其次是到岗后的试用期离职率，再往深挖掘，可能是内部跨部门沟通是否顺畅、对人才市场信息的收集效果如何等。

（2）结合目标行业和目标岗位的特质、个人优势，寻找自己过去工作内容中与之契合的点。例如，业绩导向类的销售岗位，许多公司会倾向工作态度相对激进、拼搏的候选人，对此我们可以在工作内容里强调市场开拓、对工作中挑战的热情。一些外部变化较大的新兴行业，会倾向能够快速应变并调整的候选人，对此我们就需要挖掘自己过往工作中对变化调整的适应情况。

按照上述两个思路整理素材之后，我们可以选取 3～5 个关键工作结果和 1～3 个特质契合点作为工作内容，再按照下面这样的结构进行描述：

负责内容＋方法／工具／途径＋工作结果

对于负责内容和方法／工具／途径，可以都写，也可以只有一项，但一定要有工作结果。工作结果最好有数据，如果没有，则尽量描述事实。

了解了这些之后，我们再来看 HR 张小白优化后的简历：

2021 年 3 月至今　　××简历优化有限责任公司　　招聘经理

公司介绍：上海知名简历优化公司，在简历优化领域市场占有率居前三。

业绩达成：连续三年岗位完成率高于 90%；2022 年度优秀员工（5/100 人）。

工作内容：

1. 负责研发部门的职位招聘，2023 年度招聘新员工 58 人，岗位完成率达 93%。

2. 跟踪新入职员工的融入情况，招聘人员试用期内离职率低于 5%。

……

5. 积极与研发团队沟通，了解团队成员想法，协调、促进团队内部沟通。

我们一眼看到简历就会觉得张小白是个优秀的招聘经理，因为这份简历在每一个高光点上都恰到好处地进行了描述。

> **Tips**
>
> 需要注意的是，工作经历要采用倒序。时间距离目前最近的工作位于最前面，距离越远的位置越靠后。目前正在从事或刚离职的这份经历，需要写得最详细。随着时间的推移，时间距离现在越远的工作经历可以写得越简单。

大学期间的实习经历的写法和工作经历是完全一致的。应届生或刚毕业不久的职场新人，通常会在简历里加入实习经历，但随着工作年限的增加，如三五年后，不建议再将实习经历写入简历中。一方面是因为距离现在的时间久远；另一方面是因为实习期间承担的工作职责不会许多。工作多年后的简历中如果包含实习经历，反而容易令人误以为你还是个新人。

简历模块五——项目经历

项目经历是在工作中按项目制推进的工作内容，通常紧随工作经历，是对工作经历的重要补充。

假如张小白是招聘经理，他的日常工作是为研发部门招聘人员。这个部门的团队架构设计和秋季校园招聘，就是他的项目经验。这部分工作并不是每日重复的，可能在他三年的工作经历里，只做过一次团队架构设计和两次秋季校园招聘。但这两份项目经历有效地证明了他除了基础的招聘能力，还具有搭建团队框架的能力，以及组织较大规模校园招聘的能力。因此在简历的撰写中，张小白需要认真对待项目经历的呈现。

4.2.1 项目经历

你的简历里有项目经历这个模块吗？很多简历缺乏项目经历。有的人认为已经写了工作经历，没必要再写项目经历了；有的人单纯是觉得项目经历不重要。这些人都白白错过了再一次向用人单位推荐自己的机会。

从简历的结构来看，项目经历是和工作经历平行的模块，紧随其后。

用人单位在快速浏览完工作经历后，再次看到与工作内容相关的重大项目经验，可以强化对这位求职者工作能力的认可。但如果从工作经历直接跳到了教育经历或者直接结束，就失去了再次强化的机会。

对于某些岗位，缺乏项目经历也许只是少了一个加分的机会。但对于另外一些岗位，缺乏项目经历会让工作经历的可信度大打折扣，例如，金融行业的投行、建筑师、咨询师等从业者。因为这些岗位按照项目制运转，工作的开展就是围绕着不同的项目逐一展开，偶尔交叉并行。如果不列出关键的项目经历，工作经历部分要么倍感单薄，要么内容虽多，却叙述混乱、缺乏逻辑。

> **Tips**
>
> 项目制运转的岗位，日常工作的内容就是完成客户的项目，围绕着项目进行启动、规划、执行、监控和收尾。缺乏项目经历会让工作经历的可信度大打折扣。

从工作结果的角度来描述工作内容，第一条通常是"对接客户，负责××类型项目的推进/完成，项目交付率/客户满意度/项目完成度等结果描述"。写完这条，好像能写的就不多了。而如果跳过几次槽，你会发现连续几份工作经历的工作内容几乎毫无区别。

2021年3月至今　　　　××简历优化管理咨询有限公司　　项目经理

工作内容：

1. 对接客户，负责管理咨询项目的推进，客户满意度接近100%。

2. 根据项目情况出差至客户现场进行走访，确保尽调情况属实。

……

2020年1月—2021年3月　　××项目管理咨询有限公司　　项目经理

工作内容：

1. 对接客户，负责管理咨询项目的推进，客户满意度接近 100%。

2. 根据项目情况出差至客户现场进行走访，确保尽调情况属实。

……

2017 年 7 月—2019 年 12 月　　××客户管理咨询有限公司　　咨询顾问

工作内容：

1. 对接客户，负责管理咨询项目的推进，客户满意度接近 100%。

2. 根据项目情况出差至客户现场进行走访，确保尽调情况属实。

……

这样的简历显然很难打动用人单位。对于项目制运转的岗位，关于工作内容的表述可以相对简略，而把重心放在项目经历上，仅突出业绩达成部分。先按照时间罗列清楚项目经验，再单独对重点项目进行详细描写。这样前后比照，能体现出工作有成果，项目经验丰富。

对于非项目制运转的岗位，也不要错过为自己的简历增加闪光点的机会。工作经历是日常工作，项目经历是阶段性的重要成果，它们可以互为补充。我们可以通过对重点项目进行描述，让原本就已经有高光的工作经历更加丰富多彩。

4.2.2　项目经历模板

下面给出一个优秀的项目经历模板，内容如下：

20XX 年 X 月—20XX 年 X 月　　项目名称　　所在公司

项目详情：1 句话介绍项目背景或产品，1 句话描述项目难度。

项目内容：作为 XX 角色，负责……，通过……方式，解决……问题/达成……目标。

项目成果：1~2 句话描述项目成果。

每个项目的第一行都包括项目用时、项目名称和所在公司三个信息。"项目用时"的时间格式要和工作经历要保持一致，如果你在工作经历中的时间采用了简写，如"2018/08—2020/06"，那此处也需要使用简写。有些项目有专门的名称，如果没有的话，可以根据阶段性目标或成果进行概括，或者使用"客户名称+产品名"作为项目名称。"所在公司"是指这个项目在哪段工作经历中完成的，和前一模块的工作经历刚好可以起到呼应作用。

"项目详情"的作用是让别人快速了解这个项目的含金量，因此要侧重描述项目的难度和核心任务。毕竟项目难度越高，参与和完成它所需要的能力就越强。

"项目内容"的首句一般会交代自己所承担的项目角色。项目角色通常包括项目负责人、项目主导者、项目核心成员、项目重要成员、项目成员等，可以根据实际情况选择。需要注意的是，许多项目都需要合作完成，如果你不是项目负责人，那么在项目内容中只需要描述你在项目中解决的问题和完成的结果，而不是整个团队和整个项目的内容。

在阐述"项目成果"时，我们既可以选择阐述整体的项目成果，也可以呈现自己独立完成部分的项目成果。无论哪一种方式，都需要尽量使用数据说明。例如，作为电商设计师，参与了公司"双 11"大促的商品页面设计。但"完成'双 11'大促商品头图和页面详情设计"这样独立完成的部分项目成果，显然不如整体项目成果"协助公司'双 11'大促 GMV 达到 1000 万元，相较去年同比增长 23%"令人印象深刻。

项目经历要如何取舍呢？尤其是工作多年后，参与了很多项目。在项目经历的选择上，可以根据自己在项目中承担角色的重要性和项目的重要程度等因素，选取 2～4 个项目，项目经历的选择标准如下。

首先是考虑体现个人能力的项目。优先选择作为项目负责人、项目主导者角色的项目，因为它可以很好地体现你的项目管理能力和组织协调能力。尤其是想要应聘团队管理方面的岗位，过往又没有管理过团队的求职者，就更需要突出项目管理方面的经验。如果是职场新人，暂时没有项目管理的经验，那么可以优先选择作为项目核心成员的项目。

其次是较为知名的项目。如果公司服务的客户是较为知名的大客户，例如，为阿里巴巴提供某项咨询服务，为华为解决某个问题，也可以选择。这也能利用客户的知名度提升自身简历的观感。

然后是如果参与过公司的核心项目，也可以选择。并且要在项目详情部分点明这个项目对公司的重要程度。能参与公司的核心项目，本身就说明了你在这个项目里的工作成果是得到了认可的。

最后是日常工作以外的项目，比如，作为公司的财务经理，你的日常工作是财务管理等，但在年终盘点时你不仅负责了财务部分，也深度参与了生产部门生产计划的制订。这说明你可以应对本职工作以外的挑战，个人能力可能超出了目前的岗位要求，这也能很好地为你加分。

> **Tips**
>
> 简历中项目的选择很重要。可以根据自己在项目中承担角色的重要性和项目的重要程度等因素，优先选取作为项目负责人或主导者的项目，或者客户较为知名的项目、公司核心项目，又或者是常规工作之外的项目。这些项目都可以更好地展现你的个人能力。

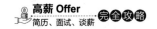

无论是项目制的岗位还是常规的岗位,从这几个角度筛选,都可以选出高质量的重点项目经历。而如果是项目制运转的角色,在展示完重点项目后,可以再按照时间顺序由近到远附上自己过往参与的全部项目清单,让用人单位更好地了解你过往积累的经验。格式参考如下。

参与项目:

2023 年 7 月—2023 年 11 月	项目名称一	所在公司
2023 年 2 月—2023 年 6 月	项目名称二	所在公司
2022 年 10 月—2022 年 12 月	项目名称三	所在公司
20XX 年 X 月—20XX 年 X 月	项目名称四	所在公司

4.3 简历模块六——校园实践经历

校园实践经历是大学生简历的重头戏。它通常位于实习经历之后,陈述自己参加校内学生会、社团、校内外竞赛、其他校内外活动等实践项目。现在,很多大学生为了让"简历好看些",也会有意识地从大一就开始参加校园实践活动。接下来了解校园实践的重要性和它的写法。

4.3.1 被高估的校园实践

许多大学生在校园实践活动中花费了许多时间。他们的初始愿望往往是锻炼自己，在以后求职时完善个人简历。然而真相是，大部分情况下，HR对求职者简历上的校园实践部分都会直接略过。

如果从纯功利的角度（找工作）对待校内实践活动，那么校园实践活动是事倍功半的。

> **Tips**
> 对于应届生的简历，用人单位最在意的是教育背景、实习经历、相关技能。校园实践的重要性往往较低。

对于校园招聘，许多大公司会在教育背景上设置门槛。例如，有些岗位会要求硕士以上学历，有些岗位会要求毕业于985/211大学。如果自身学校较为普通，又期望未来进入大型企业就职，就可以把教育背景的提升作为主要方向，选好考研方向后，花更多时间学习。

如果不想继续提升学历，对未来就业又有较高要求，那么最值得投入时间的事是实习。实习经历在简历上的含金量，甚至可能超过教育背景。公司招聘时，往往更倾向有长时间同岗位实习经验的应届生。这样一来，一方面意味着公司只需要花很少的时间带教你，另一方面也说明了你对岗位较为了解，未来从事这个岗位的稳定性是够的。对许多公司来说，一个有半年同岗位实习经验的非985/211的普通大学的应届生，是优于没有实习经历的双一流大学的应届生的。

有些专业和行业，要求从业者在工作中掌握相关技能，并获得证书，那么以后想从事相关工作的学生在大学的前两三年尽可能地提升技能，毕业前一两年寻找相关实习机会。如果未来想成为程序员、做数据分析，但专业又全无关系，那么较好的路径是在大一、大二选修双学位，或者通过线上课程、校外培训学习，大三掌握一定的技能后再去实习。这些花费在技能增长上的时间，可以让你在未来显著地提升就业竞争力。从这个角度来看，如果是与专业技能相关的校内外竞赛，也是值得参与的。

对于大部分的学生会活动、社团类活动，在校生如果是为了满足个人兴趣爱好，那么可以更好地享受大学生活。但如果是为了完善简历提升求职成功率，那么它们起到的作用微乎其微。大学里的时间是有成本的，想要提升未来求职的成功率，需要在选择好职业方向之后，从教育背景、实习经历、技能证书三个维度来提升自己。

4.3.2 工作十年后是否有必要写校园实践经历

工作多年之后依然在简历中展示校园实践经历，不仅无法为简历加分，反而会有负面效果。想象一下，如果你已经工作十年，简历的工作经历部分详细总结了你作为某个领域的专家或者部门经理的闪光之处，紧随其后的校园实践经历却侃侃而谈你在大学里作为社团团长的经历，是不是会让用人单位感觉很跳脱呢？

因为校园实践传递出的信息就是——"我是个学生，所有的校园实践，都是我尚未进入社会的证明"。而简历是为了向用人单位展现你的工作能力，是需要证明你能够承担社会化的工作的。

> **Tips**
> 如果是有工作经验后再求职，除非是大学期间获得的重大奖项，否则不建议在简历中展示。如果是在校的大学生，实习经历较少或缺失，那么校园实践活动可以详细展开。

如果是在校的大学生，实习经历较少或缺失，为了增加篇幅，校园实践活动可以详细展开。如果有更好的选择，如实习经历、相关技能展示等，则可以相应地压缩校园实践活动的篇幅。为了让用人单位感知到我们具备工作所需的能力，可以尝试使用类似项目经历的格式，叙述自己的校园实践活动。格式如下。

20XX 年 X 月—20XX 年 X 月　　实践活动名称　　担任角色

活动成绩：1~2 句话描述该项活动的成果，可以是奖项，也可以是活动效果，如果有数据，此处可以提供数据。

活动详情：1 句话介绍活动背景或产品，1 句话描述活动的含金量或难度。

活动内容：作为 XX 角色，负责……，通过……方式，解决……问题 / 达成……目标。

如果你的校内实践活动是参与了某次义卖活动，那么按照这个格式整理后，可以写作：

2022 年 9 月—2022 年 10 月　　向日葵义卖活动　　摊主

活动成绩：获得 1562 元营收，在所有摊主中营收额第二。

活动详情：为支持凉山贫困儿童，参与校园义卖活动，并将义卖赚取的全部款项捐赠。

活动内容：作为摊主，分析同学们感兴趣的品类，最终选择耳环作为销售产品。经由阿里巴巴和本地线下货源比价后选取进货供应商，并为耳环设计精美展示位。通过现场摆摊的方式进行销售。

这样的叙述方式表明你目标明确，导向结果，并且有思考的能力。

我们在选取校园实践活动时可以从以下几个角度来梳理。

首先是分析目标岗位需要什么样的个人特质。既然是求职简历，就要选取能体现你岗位胜任力的实践经历。比如，上述关于义卖活动的叙述，如果是求职市场类岗位，就能够起到较为正面的作用，但如果求职财务岗，则不会有太大帮助，因此最好换个角度，如从计算成本和营收的角度来撰写。

其次是校内外的竞赛，无论是学术类的还是技能类的，都能够较好地展现你的学习能力。而较好的比赛成绩，也能够证明你的抗压性和相较于同辈的优秀。

如果有作为活动组织者的经历，也可以证明你具备一定的组织协调能力和团队协作能力。几乎所有的工作岗位都需要和其他人沟通协作，因此团队合作能力和领导能力也是用人单位看重的。

总之，在选取实践活动的时候，不要仅考虑自己做过什么，而要更多地考虑用人单位想要什么特质。只有这样，才可以让校园实践经历成为你简历里的加分项。

第 5 章
特殊简历处理
05

了解了简历各个模块的结构与模板后，张小白重新打磨了简历，开始了新一轮的简历投递。

在实际的求职中，每个人的情况均有不同。有的人由于跳槽频繁而被质疑稳定性；有的人面临转行，投递了无数封简历均无回音；有的人有明确目标，想加入某一家特定公司。本章我们将会探讨这些具体困境下的简历要如何撰写，我们应该怎么做才能通过简历筛选关。

想转行怎么办

赵小建硕士毕业后,加入了房地产行业成为一名建筑师。虽然工作忙一些,但薪水不错,和同学、亲戚聊起来,也挺有面子,但这种情况只维持了不到一年的时间。入职半年多,公司就开始裁员。虽然第一波裁员名单里没有赵小建的名字,但由于人员的减少,赵小建的工作量大大增加。他尝试咨询同行业资深的前辈,不少人建议他考虑转行。

面临这样的情况,刚毕业一年的赵小建陷入了深深的困惑:我应该转行吗?我要怎么转?

5.1.1 转行前的简历准备

许多求职者都会有和赵小建一样的困惑,也就是他们在工作一段时间后想要尝试换个行业或岗位。有些人有明确的转行目标,但更多人只是不想继续做现在的工作了,对于转行之后要做什么,其实很迷茫。想打造一份漂亮的"转行"简历,仅仅依靠文字的修饰是无法实现的,重要的是撰写简历前的准备——选定合适的方向。

任何工作都需要经验和技能的累积。就好像你在某个跑道上已经跑了300多米,如果更换赛道,可能需要直接退回跑道起点。想要转行也一样,就要做好过去经验清零的准备。

对于尚且不确定转行做什么的人而言,首先需要确定新的职业方向。

可以向有经验的人寻求建议，如同行业、跨行业的前辈、职业发展专家、资深的 HR 或猎头等。因为工作的局限性，大部分人只了解自身的工作范畴。但对转行方向的判断，不仅需要对不同岗位、不同行业有信息储备，也需要对职业发展路径有清晰的认知。

带着清零的决心，选择了新的职业方向后，我们可以通过思考以下这几个问题，来明确自己在转行时的优劣势。

（1）我为什么能够跨行做这份工作？

（2）我和这份工作的共通点是什么？

（3）公司为什么要选我，而不是一个原本就有行业经验、岗位经验的人？

这三个问题是逐步推进的。既然是经过慎重考虑后做的转行决定，那么你选择新的行业/岗位的原因是什么？如果是经过咨询相关的专家、前辈后做出的决定，那么你和你的目标行业、岗位的差距可能不会太远。通常情况下，选择某个新的行业、岗位，是因为以下几点：

行业在上升期，岗位有前景，和自身性格/经验/特质契合，有可获得性。

结合这几个方面得出转行目标后，我们再来进一步分析，先尝试回答自己为什么能够做这份工作，再进一步挖掘自己和这份工作的共通点是什么。

要回答这两个问题，就需要对照岗位说明，尤其是关于胜任岗位的能力，逐条分析自己和岗位任职要求匹配的地方。

最后一个问题是分析自己有什么超过行业经验的地方。之所以要回答这个问题，是因为在众多竞争者里，可能大部分是有本行业、本岗位经验的人。那么公司为什么要选择你,而不是原本就有经验的人呢?对于这个问题,可以试着从个人特质方面挖掘来找到答案,比如,答案有可能是"我就是特别聪明""我对这个工作有天分""我有人脉关系",当然也可能是"这个行业现在太缺人了。所以他们可以接受没经验的,在没经验的人里我还算有点经验的"。

这些答案都可以,但它们现在只存在于你的脑海里。你需要带着问题的答案,尝试通过简历表达出来,让筛选简历的HR发现你与新岗位高度契合。

5.1.2 转行简历的调整

毫无疑问,转行简历最大的劣势是在工作经验上。因此我们在撰写简历时,需要尽量弱化自己在工作经验上的劣势,强化在其他方面的优势。具体的做法是:

(1)突出个人特质,弱化工作经验;

(2)重视个人概况,强调动机与学习能力;

(3)突出表达与新岗位的共通点。

我们在前面章节中细致探讨了个人概况的重要性和写作模板,并且明确了它的位置一定要紧随个人信息,置于工作经历之前。对于转行简历,更是如此。既然是转行,相关的工作经验肯定不多。如果打开简历,最先映入眼帘的就是毫不相关的工作内容,那么,HR很有可能会直接拒绝。因此我们要利用首因效应和光环效应,用更能突出契合点的个人概况,给HR营造"适合岗位"的第一印象。下面提供几种常用写法:

对 XX 行业/岗位高度感兴趣。

持续关注 XX 行业/岗位 XX 信息。

这两种表达方式主要是从求职动机上表达你对目标行业的热情。企业在招人的时候不仅考察技能，也会重点考察求职动机。你对工作有热情、有钻研精神，也会是较好的加分点。

对于新的岗位，你的确没有相关经验，但你可能掌握了这个岗位需要的某项技能，那么在个人概况部分把它罗列出来，能够很好地证明你能胜任这个岗位。例如以下写法，下面这种表述主要是从工作技能层面表明你与新岗位的匹配程度。

熟悉 XX，了解 XX，具有 XX 经验，熟练使用 XX 软件。

在个人特质层面，一定要强调自己具有快速学习能力，最好能通过工作或项目经历辅助说明。用人单位可能愿意录用暂时没有相关经验的人，但前提一定是有快速学习能力，上手快。

具备快速学习能力。

除了快速学习能力，其他的个人特质可以选取自身真实具备、又能帮助你更好地完成下一份工作的。

> **Tips**
> 转行简历的个人概况常用语总结：对××行业/岗位高度感兴趣；持续关注××行业/岗位的××信息；熟悉××，了解××，具有××经验，熟练使用××软件；具备快速学习能力。

通过认真梳理个人概况，可以让简历的阅读者聚焦我们想呈现的内容，达到突出个人特质、弱化工作经验的目的。此外，在工作内容里，我们也需要尝试挖掘与目标岗位的契合点。以房地产行业的建筑师赵小建为例，假设他经过慎重考虑后，想转行进入精密仪器或半导体行业成为客户经理。这个职业的转变可以说非常巨大，即使这样，他依然可以发掘共通点：

建筑师是服务企业客户，而非个人客户，客户经理也是。

建筑师需要满足客户需求，要有客户思维，客户经理显然也需要。

建筑师需要与甲方进行沟通，客户经理也需要；而且相比建筑师，客户经理需要更好的沟通技巧，还要有销售技能。

因此，赵小建的简历中，就不需要过多强调他作为建筑师完成了多么好的作品，而是要尽量表达他在过去的工作中是如何服务客户、如何挖掘客户需求、如何与客户沟通的。

转行并不可怕，虽然有难度，但如果选对了目标，简历的处理只是转行过程中小小的挑战，相信你能处理好。

其他特殊简历的处理

在求职过程中，除了有赵小建这种想转行的情况，还有其他许多特殊情况。本节我们将依次探讨空窗期过长、跳槽过于频繁等情况下，简历该如何处理。

5.2.1 空窗期过长的简历处理

空窗期是指职场人在两份工作之间有一段较长时间的空白期，如三个月或者半年、一年。对某些行业或公司来说，空窗期长短只是个人选择，并不影响录用。但对于另一些公司来说，空窗期过长则可能会影响最终的录用决定。

> **Tips**
>
> 大部分用人单位不会仅仅因为空窗期就直接拒绝面试。空窗期的长短只是其中一个影响因素，至少用人单位会先询问空窗期的原因再综合考虑。所以对于空窗期过长的经历，我们一方面可以通过在简历中增加"离职原因"，降低用人单位对于稳定性的担忧，另一方面可以通过面试扳回一局。

如果离职原因不是非常负面，只是客观情况，那么可以在简历里直接写明：

离职原因：因母亲患病，需回到家乡长期照顾家人，故选择辞职。经半年照顾，家人身体康复。

离职期间自学 XX 软件，系统整理工作内容。

可是有些时候，你只是暂时没想好要做什么工作，或者就是想休息一段时间。对于类似这样的情况，简历里可以不做表述，但在面试时可以通过以下结构来回答：

事实＋原因＋思考／收获

事实可能是"我这一年就在家摆烂了，现在没钱了得找工作了"。但在面试的时候我们还是要稍微包装、美化一下。按照这个结构，我们可

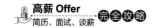

以说:

"这一年我没有工作,主要是在家休息。因为上一份工作的确不太适合自己,但好在有一些积蓄,所以我就休息了一段时间。经过这段时间的思考,我觉得××很适合作为我未来的发展方向,因为……"

这里回答的"未来的发展方向"刚好就是你面试的岗位,而原因则是你对于岗位的思考。如果你刚好在离职的期间做了有价值的事,或者对工作、职业发展有真实的思考,也可以加入回答里。要知道,表面上是公司介意你简历有空窗期,但本质上是公司担心新员工工作不稳定、对待工作的态度随意。对此我们只需要在回答时尽量体现积极的工作态度,以及对成长和新工作的渴望,就可以打消对方的疑虑。

5.2.2 跳槽太多的简历处理

不同行业对"跳槽频繁"的定义不一样,例如,在相对稳定的大型国企偏多的行业,三年换一份工作算跳槽频繁,在初创企业和中小型企业比较多的行业,三四年换一份工作算是工作比较稳定。对于跳槽频繁的情况,可以从以下几个方面着手:

(1)明确离职原因;

(2)强调个人成长;

(3)适当减少经历。

一般情况下,简历中并不会特别标明离职原因。但如果是因跳槽过于频繁,而导致有可能失去面试机会,就有必要解释清楚离职原因。而且需要有诚意地解释,不要简单地写"离职原因:个人发展"或"离职原因：家庭原因"。这样不但不能起到解释作用，反而显得诚意不足。离职原因一定要具体且诚恳，要让 HR 觉得情有可原，举例如下。

离职原因：公司上升通道强制年限排队，故因为个人发展而选择能够带团队的新工作机会。

离职原因：因母亲患病，需回到家乡长期照顾母亲身体，故选择离职。

还有一种常见情况是，跳槽频繁的人往往在个人成长和职位上升方面都更加快速。这时我们就不要单方面地把"跳槽频繁"当作自己的劣势，而是要更多地强调自身优势。我们可以在简历的个人概况、工作经历、项目经历等部分，都强调自己的优秀和个人成长的迅速。并不是每家公司都会在意你多久换一份工作，许多用人单位都会欣赏追求快速成长多过于稳定的人。

最后，如果你实在跳槽频繁，甚至有多段只工作了一两个月的经历。那么可以适量减少和合并——减少一些只有很短时间的工作经历，合并相似岗位。下面我们可以比较一下以下两种写法给人的直观感受。

工作经历一：

2022.12 至今	上海甲公司	高级运营岗位
2022.5—2022.12	上海乙公司	运营岗位
2022.2—2022.5	上海丙公司	运营岗位
2022.1—2022.2	上海丁公司	运营岗位
2021.6—2021.12	上海戊公司	运营岗位
2021.5—2021.6	上海己公司	运营助理岗位
2021.1—2021.5	上海庚公司	运营助理岗位

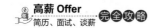

工作经历二：

2022.12 至今	上海甲公司	高级运营岗位
2021.6—2022.12	上海乙公司等	运营岗位
2021.1—2021.5	上海庚公司	运营助理岗位

在工作经历二的表述中，合并了"运营"这个岗位的几份工作经历，删除了仅一个月就离职的上海已公司的工作经历。这样调整之后，对比工作经历一"跳槽这么频繁"的阅读感，工作经历二更接近正常的工作变更，并且有明显的升职路径。需要注意的是，工作经历可以删除、适当合并，甚至在面试时也不主动提及省略或合并的工作经历，但一定不能编造经历。

> **Tips**
> 如果跳槽频繁，那么可以在简历中适当删除、合并经历，如同一类型的岗位可以合并，合并时用"××公司等"表述方式。面试时可以不主动提起合并的经历，但如果被问及，则需要如实告知。

如果你觉得过于频繁地跳槽会影响求职，那么除了尽力优化简历，还需要慎重选择下一份工作。选择一份合适的工作后，尽可能在这家公司工作2年以上时间，之后再求职就不需要面临跳槽过于频繁的问题了。

5.2.3 针对目标公司的简历处理

许多求职者有明确的目标公司，对此我们完全可以有针对性地专门准备一份简历，以提升获得面试机会的概率。在准备简历时，可以从以下几方面着手：

(1) 目标具体化；

(2) 工作内容与项目内容定制；

(3) 个人特质匹配；

(4) 完善到细节。

首先，准备个人信息部分。个人信息包括性别、年龄、政治面貌、婚育情况、工作年限、地点、在职状态、目标状态、到岗时间等。这些既可以全写，也可以有选择地写。为了表达积极加入的意愿，我们可以把目标状态放在较为显眼的位置。关于目标状态的描述，其实就是指目标行业或目标公司，例如：

目标行业：互联网/电商，倾向于创业型公司。

目标行业：快速消费品，倾向于美资企业。

其次，按照职业定位总结个人优劣势。回忆自己过往的工作内容和项目经验，分析有没有和目标公司的业务方向匹配的内容。即使只是些许共通点，也可以写进简历里。在总结过程中，可以参考公司的官网、社交媒体信息进行填写。

最后，填写个人特质部分。每家公司都有自己的用人倾向，知名公司的企业文化往往为人所熟知，例如，华为鼓励狼性文化，拼多多鼓励加班，字节跳动鼓励创新，等等。对于知名公司，上网搜索就能快速得到公司的用人倾向性。对于不那么知名的公司，则需要通过企业官网、熟人调查等方式，了解公司倾向于录用什么样的人。然后在自己的性格特质里挖掘与企业用人倾向性的共同点，再通过简历的具体内容来呈现。

> **Tips**
>
> 在简历的页眉、页脚加上目标公司的 Logo，在简历命名的时候加上公司名称等。这些小细节只需要花费一两分钟时间，但是可以让目标公司立刻感受到你求职的诚意，并且可以有效提升简历通过率。

如果你有时间、有能力，也可以基于自己的专业领域，对目标公司的相关领域进行调研或提出建议。

第 6 章
一投即中的秘诀

简历优化完毕,张小白信心满满。然而现实再一次给了他当头一击。又一周过去了,每天刷新职位到手酸,他依然没有接到面试邀请。甚至在招聘网站上发出去的消息,也总是已读不回。张小白有些困惑,是招聘的职位太少了还是自己的问题?明明和同事做着同样的工作,和同学们在同一个专业就读,为什么别人的面试忙不过来,自己却一个面试都没有呢?

本章我们将探讨如何有效投递简历,如何更好地打动 HR,进入面试官的视线。

选择求职网站

求职者们在使用求职网站时,选择是比较多的。目前主流的几家求职网站都是对企业端收费,而对求职者完全免费。

在使用求职网站时,人们很容易进入两个误区:一个是认为求职网站都差不多,只使用其中一家求职网站;另一个是注册很多求职网站,生怕错过某一家。前者往往会因此错过一些不错的机会,后者则因为精力过于分散而疲于应付,反而降低了求职效率。

选择合适的求职网站,使用恰当的方式在网站上与HR进行沟通,可以有效提高面试邀请率,提升求职效率。

想要了解如何选择求职网站,我们就需要先了解求职网站的收费模式。不同的网站收费标准各有不同,但从整体来说,智联招聘、中华英才网等老牌招聘网站的收费相对较为便宜,猎聘网与BOSS直聘这样的后起之秀则收费要昂贵得多。无论收费多少,公司使用求职网站都是有成本的,因此一定要有取舍。尤其近年来许多公司强调降本增效,也会相应减少求职网站的预算,只选择部分甚至某一家求职网站作为付费招聘渠道。

> **Tips**
>
> 公司使用求职网站都是有成本的。许多公司只会选择某一家或者某几家求职网站作为付费招聘渠道。因此作为求职者,在精力和时间有限的情况下需要选择合适的网站,求职才能既不错过机会又相对高效。

老牌的求职网站如智联招聘和中华英才网,面向企业端的收费较低。招聘预算充足的企业会把它们作为主要招聘渠道的补充;而招聘预算较低、招聘量较少的企业,则可能会把智联招聘或中华英才网作为唯一的付费招聘渠道。另外,由于网站运行时间较久,每年的续约也使得这两个求职网站上的老牌传统企业相对较多。所以,如果你所在的行业较为传统,老牌企业较多,那么可以优先考虑使用这两个求职网站。

对于参加校园招聘的应届生来说,智联招聘的校招界面非常友好,信息收集全面且简单明了。另外,校园招聘一般是大型企业才会进行的阶段性项目,由于历史延续,它们往往会使用智联招聘。因此应届生可以更多关注智联招聘。

近些年,BOSS 直聘与猎聘网的市场占有率急剧上升,也导致智联招聘和中华英才网的付费用户大量减少。所以非传统行业的求职者,可以把精力放在有更多岗位机会的其他网站。

BOSS 直聘是当下年轻人使用得最多的求职网站。无论是有 5 年内工作经验的职场新人,还是实习生、应届生,其中的大部分人都会选择使用 BOSS 直聘进行求职。相较其他求职网站,BOSS 直聘上只挂不招的空岗位也是最少的。这是因为 BOSS 直聘独一无二的竞招岗位数量限制。其他招聘网站在付费后是不限制职位发布数量的,这就导致许多企业即使招到了人,岗位也不会从招聘网站下线。但 BOSS 直聘将求职较多的一些岗位设定为"竞招职位",如较为常见的销售岗、市场岗、行政岗、HR 岗等,都属于竞招职位。招聘完成后,企业需要将原本的竞招职位下线,才能发布新的竞招职位。

对于工作经验较少的职场新人,想要提高简历投递的命中率,可以优先使用 BOSS 直聘。而超过 5 年工作经验的管理岗、高端技术岗,可以尝试把时间更多地投入在猎聘网上。

猎聘网的网站名字包含了"猎头"的"猎"字,其早期正是专门针对猎头和高端人才进行招聘的。一方面是因为求职网站本身的定位,另一方面是因为高端人才更多的聚集效应。

美中不足的是,猎聘网上有大量重复的岗位。再加上猎聘网发布职位信息是没有数量限制的,也不产生额外费用,因此猎聘网上只挂不招的空岗位、投完没有任何回音的假岗位会更多。在使用猎聘网时,要做好投递简历的预期管理。

> **Tips**
>
> 对于参加校园招聘的应届生来说,智联招聘的校招界面非常友好,信息收集全面且简单明了。BOSS 直聘是当下年轻人使用得最多的求职网站,只挂不招的空岗位也是最少的。猎聘网高端岗位更多、高端人才更多,但只挂不招的空岗位、投完没有任何回音的假岗位也更多。

除了这几个主流的网站,还有一些定位较为有针对性的求职网站。

应届生、实习僧、大街网:校园招聘和找实习机会的主要阵地。

拉勾网:互联网行业求职的垂直网站。

58 同城、赶集网:蓝领岗位求职的信息平台。

还有一些非求职类网站的专业网站平台,由于聚集了众多专业人士,同时带有社交属性,因此也常会有工作机会出现。如果日常也使用这些网站,刚好也具备某项专业技能,同样可以通过该网站投递简历。例如,程序员用 GitHub,设计师用 A 站,等等。

6.2 5个小细节让简历投递更高效

有投递简历时,掌握一些细节可以有效提升简历投递的效率。

6.2.1 不使用求职网站的手机隐私保护功能

如图 6-1 所示,在填写个人信息时,求职网站往往会询问你是否需要开启手机隐私保护。开启之后,企业就看不到你的真实电话号码了,只会显示经由求职网站代理后的动态转接电话。

图 6-1 猎聘网手机隐私开启示例

出于保护隐私的目的,许多求职者在看到这个选项时都会不假思索地选择开启。殊不知这个简单的小动作,可能会让你错过许多 HR 的来电。下面让我们还原一下 HR 的工作场景。

绝大部分负责招聘的 HR，为了提高工作效率，会模块化地分配一天的工作时间，比如，几个小时搜索候选人和筛选简历、几个小时给候选人去电、几个小时面试。有许多岗位，HR 会先筛选出完符合基本要求的简历，然后进行下载，再然后经由用人部门确认是否需要邀请面试。因此筛选简历时，HR 往往不会直接拨打候选人电话，而更多的是下载简历。

开启手机隐私保护后，企业 HR 下载后的简历是没有任何联系方式的，需要登录网站后在线查看才能找到转接号码。但 HR 致电候选人时，查看的简历通常是经由用人部门二次确认后的下载版本。没有联系方式的简历往往会留到最后统一登录求职网站查询，如果已经联系到了非常合适的候选人，就不会再登录网站。甚至有时，仅仅因为 HR 缺乏责任心或者犯懒，就直接跳过了这个没有显示联系方式的候选人。

> **Tips**
>
> 电话号码只是别人和我们联系的途径。因此，想要收到更多的 HR 来电，建议不要在求职网站上开启手机隐私保护功能。

6.2.2 在简历正文中附上电话号码

在简历正文中附上手机号码，是不设置手机隐私保护的进阶版。在求职网站中，有不少求职者将手机号码留在工作经历、项目经历或个人信息等正文中。那么，这么做的意义是什么呢？

这就涉及求职网站的付费套餐与 HR 的工作模式了。企业在按年付费后，查看求职者们投递来的简历是不需要额外付费的。但主动投递的简历有时并不尽如人意，HR 就需要主动搜寻合适的候选人。对于这些被搜索到的但并未投递本公司的简历，如果想要获取求职者的联系方式，就需要额外的道具或者消耗下载量。总之，会产生额外的成本。

对于部分内容符合岗位要求的简历，如果简历中刚好有联系方式，可以不耗费额外成本直接联系，那么大多数猎头或 HR 会选择和候选人先电话沟通。这种情况尤为常见。

如果你目前非常急于找到工作，刚好也不那么介意手机号码在简历中显示，那么可以试试这个做法，说不定就会有意外收获。

6.2.3 对在职公司开启屏蔽简历功能

求职者如果不想让目前就职的公司看到自己在找工作，那么可以使用"屏蔽公司"功能，如图 6-2 所示。选择开启"屏蔽公司"功能，即可对目前就职公司屏蔽自己的简历。

图 6-2　BOSS 直聘公司屏蔽示例

一般情况下，电话号码并不需要设置隐私保护，但你跳槽的想法需要保密。目前还处于在职状态的求职者们，对在职公司开启"屏蔽公司"

功能，可以为你减少许多不必要的麻烦。

HR 的工作内容除了招聘新员工，还包括了解人才市场信息和在职员工的求职情况。所以他们会定期在招聘网站搜索公司名称，查看目前在职的员工里哪些人正在求职。对于正在求职的员工，有些公司只是作为了解，以便提前为岗位储备人才；有些公司则会直接与员工本人进行谈话。

跳槽的计划通常是求职者的慎重决定。即使需要和在职的公司进行谈判，也最好将何时谈判的主动权留在自己手上。所以，建议对当前任职的公司屏蔽自己的简历，从而有效避免意外的麻烦。

6.2.4 及时修改职业状态

许多求职者在离职后并不会立刻修改简历上的职业状态，网站上依然显示为"在职，看看新机会"，甚至是"在职，暂时不考虑跳槽"。有的人是因为担心离职状态会引起用人单位对自身稳定性的担忧，有的人则仅仅是忘记更改了。

其实，用人单位并不像许多人以为的那样介意求职者是离职状态。面试的时候，用人单位询问离职原因更多是为了核实任职履历和考察求职动机，而不是因为介意求职者目前是离职的状态。

> **Tips**
>
> 许多公司由于岗位急招，会希望候选人通过面试后能够即刻到岗。对于这种急招的岗位，HR 在筛选简历时往往会只考虑离职状态的求职者。由此可见，及时修改职业状态，不但不会为你的面试减分，反而能够在应聘某些急招岗位时提高获得面试机会的概率。

6.2.5 上传附件简历与作品

许多求职者认为，已经在求职网站填写过个人信息与工作经历等，就不需要再上传附件简历了。然而，并非如此。求职网站的简历在投递后是完全标准化的显示，你个人的优势，可能会因为千篇一律的排版而被湮没。使用附件简历，则可以很好地避免这一点。

而有些岗位，如设计、编导、视频制作等，简历只是对个人能力的部分展现，作品集才能更加准确地展现个人的风格和能力。使用附件形式上传自己的作品集，可以让用人单位看到更加全面的你。这些岗位在招聘时，如果求职者没有在求职网站中上传附件作品集，那么招聘方可能会要求你额外提供一份。这样的二次沟通也会影响求职的效率。有时你与 Offer 的差距，只是别人比你早 2 个小时面试而已。因此，在投递简历时，建议上传简历及附件作品。

海投简历是否有用

海投简历一般是指在求职网站或招聘会上不加选择地广泛投递简历，俗称"广撒网"。

6.3.1 对海投误会太大

许多人听到"海投简历"几个字,会下意识地反感,因为觉得海投不但是对自己不负责任,也是对求职目标不明确。几乎所有求职攻略都告诉大家,要定制化地准备简历,要避免海投。并且最好在投递简历前就研究清楚公司与岗位说明,最好能根据任职要求对简历进行调整。

其实,海投并非不可取。一方面,外部经济环境形势改变了,在目前求职环境下,海投能够帮求职者提高面试机会。另一方面,本小节要说的海投方式,虽然也是广撒网,但是有别于传统的不加选择的海投方式。

求职网站上职位众多,但空岗位、假岗位也难以辨别,面试邀约与简历投递的通过比率越来越低。因此,我们要在投递简历环节尽可能多地扩大自己的投递范围,把时间和精力花在投递简历之前的职业规划和收到面试邀请后的筛选公司、准备面试等环节中。根据我十几年的招聘和职业咨询实战经验,总结出了一个高效的求职流程:

职业规划——优化简历——海投职位——筛选和准备面试。

> **Tips**
>
> 职业规划,是非常关键但是许多人在找工作时会直接跳过的一步。没有做职业规划也是许多人投了一堆简历都没有获得面试机会的根本原因。为自己规划职业方向,做出长短期计划,可以让你在未来的职业路径上事半功倍。

在第1章中,我们详细探讨了如何分析和选择行业、如何发现职业兴趣、分析自身优势。职业定位思考的耗时会很长,也许是几个小时,也许是几天,也许是几个月,但这个步骤是必不可少的。做完职业规划后再去求职，你将发现 HR 开始回你消息了，你能够接到面试电话了。

简历石沉大海，很可能是因为你选择了根本不适合自己的求职方向。又或者是虽然方向对了，但个人优势未能通过简历展现出来。所以职业规划的步骤一定不能跳过。

优化简历的方法在前面章节已有详细探讨，每一个模块都有结构化的表达方式，我们可以根据自身优势去做更好地表述。

当我们求职方向清晰，也完成了简历优化，就可以开始海投了。

经由职业规划之后，目标行业与岗位均较为明确，再叠加上城市、薪酬、工作年限等要求，使用求职网站进行筛选和微调。

进行简单的筛选后，会立刻在限定范围内得出上百家公司。这几百家公司和岗位，你可以不用点开详情，从上至下全部点击"沟通"或"投递"按钮即可。与其自己花时间一家家研究，不如把筛选的工作交给 HR。

如果想定向调整简历，投递一家公司可能需要花费好几个小时。对于大部分普通人来说，投递几十次简历可能才会得到一个面试机会。如果在投递简历阶段就耗费太多精力和时间，那么求职的效率会非常低。

现在你的简历已经是优化好的精良装备了，能够最大程度地凸显你的自身优势，接下来就可以广撒网了。

简单筛选目标行业和岗位后，不停地点击"沟通"和"投递"按钮就可以了。我们要把时间留给下一个环节——筛选和准备面试。

6.3.2 注意只挂不招的空岗位

随便打开一个求职网站，点开一家公司。它可能显示有 10 个在招岗

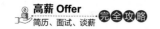

位,但这 10 个岗位里,可能只有 5 个是真正在招人的,另外 5 个只是挂在那里。如果你刚好投递了这 5 个,你将会发现投递出的简历杳无音信。HR 甚至不会拒绝你,也不会打开你的简历。

为什么会出现这样的情况?因为求职网站是按年预付费的。公司给求职网站支付每年的套餐费用后,就可以在网站上发布职位收取免费简历。从公司的角度来看,既然已经预付了费用,企业账户也开通了,为什么不多挂几个岗位收简历呢?即使现在没有招聘需求,说不定下个月就有了呢。这种情况非常普遍,可以说大部分公司是这么做的。

在真实招聘中,岗位也会有优先级。尤其是公司快速扩张的时候,许多部门、许多岗位都会同时招人。这时,负责第一轮简历搜寻和筛选的 HR 就会根据岗位的优先级来安排:优先安排紧急岗位。只要是在求职的窗口期,HR 没能及时处理的岗位,没来得及安排面试的,就是只挂不招的空岗位。

只挂不招的空岗位是无法避免的,因为这些岗位从公司到岗位需求都是真实的。它只是刚好在你求职的这几周未能安排面试而已。

面对可能存在空岗位,大家可以做的是在投递简历的时候先做好心理预期:有些公司、有些岗位目前的确是未开放招聘的。它没有给你安排面试并不是你不够优秀,只是因为它的招聘尚未开始。

> **Tips**
>
> 除了空岗位,可能还有一些挂羊头卖狗肉的假岗位,这些假岗位是指通过挂别的岗位代替口碑差的岗位,或者是在面试时要求具备某项技能进而引导你付费买课程。大家在求职时需要保持警惕,所有面试岗位与求职网站不符的,所有通过面试变相收费的,都有问题,一定要拒绝。

HR 为什么已读不回

与以前只能进行简历投递的求职网站相比，现在的求职网站会更加强调人与人之间的沟通感。不仅可以在线投递简历，还可以与 HR、猎头进行在线沟通。年轻人使用得最多的求职网站之一 BOSS 直聘，则是必须先进行在线沟通，和 HR 进行简单沟通后才可以投递简历。

注意：和 HR 的沟通，在投递简历之前就开始了！

6.4.1 令人生气的已读不回

如果你在求职网站上和 HR 沟通过，就会发现绝大部分消息是有去无回的，甚至常常显示"已读不回"。正常的社交中，"已读不回"显然是不太礼貌的，凭什么 HR 这样对待求职者呢？

HR 的"已读不回"并不是主观上的失礼，更多时候是为了提高自身工作效率而带来的附加伤害。前面提到过，各家公司在各个求职平台上都会有一些暂时没有开放招聘的空岗位。这些岗位是真实存在的，但暂时没有进行面试。这时候 HR 自然不会处理这些岗位投递来的简历。因此，你的招呼往往会有去无回。

另外一些时候，你投递的岗位的确是 HR 正在进行招聘中的岗位。这时的"已读不回"就涉及不同 HR 的工作习惯了。有些 HR 会在阅读完简历后会将不合适的简历标注为"不合适"，在他做出这个标记动作的同时，求职者就会收到系统反馈。但也有些 HR，在判断简历不合适后不会做出任何标记，而是直接点击下一位求职者的资料进行查看，这种方式显然会节省他的工作时间。对于一天要处理几百份甚至上千份简历的 HR 来说，在每位候选人的简历上节省几秒的工作时间，一天就能多出半个多小时了。

作为求职者，我们无法改变 HR 的工作模式。但了解他们的工作方式，可以帮助我们在求职阶段有针对性地做出调整。

首先是调整心态，不用对 HR 的已读不回感到任何不适。求职阶段需要花费大量的时间、精力、情绪去做准备，HR 已读不回这件小事并不需要耗费你的情绪。可能只是因为刚好你投简历的这个岗位目前不在招聘流程中，也可能是因为 HR 判断简历不合适后没来得及标记处理，仅此而已。

其次是调整自己在求职网站上的沟通方式。我们需要意识到，和 HR 的在线沟通并不是在线聊天。在简历筛选阶段，主动权更多的还是掌握在用人单位手中。

> **Tips**
>
> 许多求职者会将求职软件当作沟通软件，频繁、密集地对 HR 进行发问。但实际上这种过于日常的沟通方式很可能会让你失去宝贵的面试机会。求职网站的在线沟通只是招聘环节中的简化沟通，你可以把它理解为"预面试""提前面试"，而不是"在线聊天"。

因此，我们在这一阶段跟 HR 的沟通应该是慎重的、有准备的。就像我们精心准备简历一样，也需要精心准备求职网站在线沟通的内容。

最后是优化打招呼模板，尤其是目前求职者使用最多的 BOSS 直聘，是无法直接投递简历的。使用该网站时，需要经由 HR 确认后，才能进行投递简历的动作。HR 对求职者的第一印象往往就是在线打招呼。优化自己的打招呼模板，可以更好地提升后续的效率。

6.4.2 招聘网站中万能的打招呼模板

使用求职网站和 HR 打招呼时，网站是提供了简单的打招呼模板的。以 BOSS 直聘为例，点击界面左下角的常用语标识，就可以看到网站提供的许多打招呼模板：

"看到贵司的这个职位，觉得我挺合适，是否可以聊聊呢？"

"您在招聘的职位和我的经历很匹配，想进一步了解一下。"

对于这样的招呼，HR 每天会看到无数个，千篇一律，根本无法引起 HR 的注意力。想要提升沟通效率，收到更多的回复和面试邀请，我们可以为自己定制一份与众不同的打招呼模板。

点击常用语标识后，可以看到"添加常用语"的标识，点击后可以按照下面这样的结构重新输入新的打招呼信息：

招呼语＋姓名＋职业定位＋个人优势＋必备技能＋结束语

1. 招呼语

关于招呼语，虽然可以使用"HR 您好"，但更加推荐使用符合行业和企业文化的招呼语，例如，对于较为传统的行业可以使用"HR 经理您好"；游戏行业可以使用"HR 大大你好吖"；外企可以使用"Hi"；对于一些较为需要网感的行业，还可以使用当下网络流行语，让 HR 会心一笑的同时，也会让他们立刻产生"这位求职者符合我们企业文化"的想法。

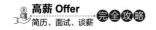

2. 姓名 + 职业定位

打完招呼后的第一句话，通常是姓名 + 职业定位。这一句话非常关键，它的重心是职业定位。求职不同的岗位时，需要突出的自我定位也是不同的。例如：

求职 HR 总监岗：我叫大婷，是一个有十几年 HR 全模块经验的 HR 总监。
求职 HR 业务岗：我叫大婷，是一个懂业务、擅长绩效管理的资深 HR。
求职猎头岗：我叫大婷，是一个有十几年甲方、乙方一线招聘经验的 HR。
求职总经理助理岗：我叫大婷，有十几年的企业管理经验，同时也是上海交通大学的 MBA。

根据自己的职业经历及不同的求职岗位，可以提炼出不同的职业定位。如果你是应届生或者职场小白，在专业技能上暂时还没有丰富的经验，那么也不用担心。职业定位还可以从职业意向、与岗位相关的兴趣爱好、个人特质等角度来阐述。例如：

我叫张小白，是一个狂热的游戏爱好者。
我叫李小黑，是一个擅长 Python 的 Geek。

这样的职业定位，只要一句话就能看出张小白是求职游戏行业，而李小黑是想要成为程序员。需要注意的是，在求职时我们往往不会只投递一个岗位。针对不同的岗位，要有不同的打招呼模板。

3. 个人优势 + 必备技能

在打招呼时，个人优势和必备技能依然需要围绕岗位展开，可以二选一，也可以分别阐述。但这些内容要尽量精简，只保留吸引眼球的关键词即可。因为打招呼的文字越长,能够引起注意的可能性反而越小。举例如下。

我叫张小白,是一个狂热的游戏爱好者。我具有数字媒体设计硕士学历,有较强的手绘基础和设计能力。我能够独立完成游戏需要的角色设计,能够使用动态软件 AE 和 PR 等,能够熟练使用 Blender 和 Midjourney 等多种软件,也能够使用 PS 进行绘图、修改设计。工作中能够和同事积极沟通、解决问题,擅长团队合作。

我叫张小白,是一个狂热的游戏爱好者。数字媒体设计硕士学历,有较强的手绘基础和设计能力,擅长角色设计。能熟练使用 AE/PR/Blender/Midjourney/PS 等多种软件。

对比张小白的这两段表达,在快速阅读的时候,反而是高度凝练、字数较少的后一段更能够抓住阅读重点。因此在确定打招呼模板时,我们也要尽可能地精简用语,只保留最能吸引眼球的关键词。

> 打招呼的文字越长,能够引起注意的可能性越小,而高度凝练、字数较少的表述能够让简历阅读者更好地抓住阅读重点。

4. 结束语

最后一个技巧是,结束语尽量使用疑问句,而不是陈述句。例如,"是否可以聊聊?""可以发您一份简历看看吗?"虽然是以问号结尾,但它们太过千篇一律,并且都是是非疑问句,从 HR 的角度看,没有回复就等于回答了"否"。想要得到 HR 的回复,我们可以试着使用开放性疑问句作为结束语。

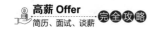

"请问什么时候可以去面试呢?"

一些有作品集或者有更多辅助信息的求职者,也可以说:

"请问您的邮箱地址是什么呢?我可以把我的作品/资料发给您看看吗?"

根据这个结构设计的打招呼模板,HR 能从中感受到对话感和求职者的优势。依然以张小白为例,他之前的打招呼可能是求职网站自带的:

"看到贵司的这个职位,觉得我挺合适,是否可以聊聊呢?"

经过调整后,他的打招呼变成了:

"HR 大大你好吖。我叫小张,是一个狂热的游戏爱好者。数字媒体设计硕士学历,有较强的手绘基础和设计能力,擅长角色设计。熟练使用 AE/PR/Blender/Midjouney/PS 等多种软件。请问您的邮箱地址是什么呢?我可以把我的作品/资料发给您看看吗?"

如果你是 HR,你会对哪个版本"已读不回",又会对哪个版本发送一个快速回复呢?

与 HR 线上沟通的常见误区

由于社交媒体的盛行,求职者可能会从网络上得到许多与求职相关的信息。但信息来源良莠不齐，其中的许多方式并不妥当，甚至会让你错过面试机会。常见的沟通误区有以下几种。

6.5.1 夺命连环问

在网络上随便一搜，就会看到许多人建议你在面试前问清楚 HR 以下问题：

(1) 公司会不会缴纳五险一金？

(2) 试用期多久？试用期内工资打折吗？

(3) 公司是双休吗？

(4) 上下班时间是几点？

(5) 工资几号发？

(6) 贵司的晋升和调薪制度如何？

(7) 需要加班吗？有加班费吗？

(8) 公司有什么福利？

……

这些问题需要弄清楚吗？当然需要，但这些并不适合在线上沟通的时候一股脑儿地丢给 HR。如果你试过在求职网站上将这么多问题发给 HR，你就会发现几乎没有一位 HR 会回复你。并不是因为 HR 们都很傲慢，而是因为线上沟通并不是问这些问题的好时机——尤其是一连串地发问。

其中的有些问题，你只需要点开求职网站中公司的主页，就会发现已经写清楚了"缴纳五险一金""加班费""双休"等信息。对于上下班时间、工资发放日期等信息，到了发 Offer 的时候，即使你不问，公司也会清楚告知。而有的问题，如"晋升和福利制度"，并不是一两句话可以解释清楚的，也鲜少有 HR 会在发 Offer 之前向尚未确定录用的求职者解释公司的内部制度。

在选择一份工作时，这些问题的确很重要，但此刻，尚未到我们选择工作的阶段，因此，要避免连环问。

> **Tips**
>
> 在求职网站上和 HR 沟通，需要考虑的是如何展示自身优势和专业性，而不是筛选用人单位。等到了谈 Offer 阶段，选择权在我们手上时，才是我们问清福利待遇的最佳时机。

6.5.2 HR 约面试是为了冲 KPI

不知道从何时开始，网络上开始流行一种说法：HR 约大量求职者去面试，是因为他们需要完成面试量的 KPI。

事实上，绝大部分 HR 并没有 KPI。即使有，招聘 HR 的 KPI 通常考核的是发放 Offer、入职人数、完成招聘的岗位等关键工作结果。约面试不合适的候选人，只会增加 HR 的工作量，并不会提升 HR 的工作结果。

有些人以为 HR 约面试就是为了完成 KPI，之所以会有这样的想法，可能是因为在面试后 HR 就杳无音信了。有些招聘管理做得不到位的用人单位，对未能通过面试的求职者没有任何答复。面试过的求职者就会感觉这个面试毫无意义，花费了面试准备时间、通勤时间，辛辛苦苦面试完，询问对方面试结果连答复都收不到。这样的情况，太像是 HR 为了面试而面试了。

真实情况是，HR 在约你去面试的时候，的确是有真实岗位需求的。但面试不是考试合格就录用，而是优中选优。即使你很优秀，但和其他面试者相比，也许别人更加优秀，也许别人期望的工资更低，种种情况都可能造成你未能通过面试。这样的结果的确令人不愉快，但它和 HR 的 KPI 没有任何关系。想要最终得到 Offer，我们还是要尽量提升简历质量、提升面试技巧，而不是把面试的失利归因于 HR 是为了冲 KPI。

6.5.3 没看简历就拒绝

由于 BOSS 直聘是先线上沟通再投递简历，许多求职者经历过这样的场景，即刚和 HR 打了招呼就被拒绝，收到了"您与岗位要求并不合适"的答复。有的人对此感到疑惑：我还没有投递简历，你就拒绝我，是不是太草率了？

真实情况是，HR 并不需要等到你投递简历才能查看你的个人信息。你在使用求职网站时，会被要求填写一些必备信息，如个人基本信息、工作履历、教育背景等。这些信息中除了你的联系方式，其他所有信息在求职网站上都是公开的。HR 在收到你的打招呼之后，会快速浏览你的个人页面，查看你的基本信息。如果你的信息与岗位任职要求有较大差距，就会直接标记为不合适，或者对你的打招呼已读不回。如果初步了解认为你符合任职要求，则会邀请你投递简历。

在你投递简历后，HR 就可以查看你的联系方式了。因此我们在填写求职网站的个人信息时，不要过于草率。

有些人会觉得，自己制作的简历已很详细，个人信息随便填填就可以了。这样的想法显然不可行。如果你在工作经历里只写"××公司，详见简历"，那么可能永远等不到 HR 邀请你投递简历了。合适的做法是，将提前准备好的简历中的文字内容复制到求职网站中对应的位置，以便 HR 快速了解你的基本信息，这样可以使你获得更多的简历投递机会。

第 7 章

比求职网站更高效的求职方式

张小白每天勤勤恳恳刷新求职网站,也陆续收到了一些面试邀请。但处于积极求职状态的他,想知道除了求职网站,是否还有更加高效的找工作方式。实际上,除了使用求职网站这样主流的求职渠道,的确还有一些其他找工作的渠道。相较于求职网站,虽然这些渠道普适性没那么强,但有时反而更加精准高效。这些渠道可以作为我们使用求职网站的补充,有的放矢,帮助我们获得更加有价值的 Offer。

7.1 利用猎头找到好工作

和之前有所不同,现在的猎头也不再是高精人才专属了,许多初入职场的人也会接到猎头的电话。因此,使用好猎头这个渠道,可以让你获得更加精准、更加高薪的工作机会。

7.1.1 与猎头建立联系

之所为被称为猎头,是因为在传统观念里,求职者被比喻为猎物。猎头就像猎人一样,为用人企业精准捕获需要的人才。

> **Tips**
>
> 观念的转变很有必要。将自己当作猎物,就会被动等待猎头联系自己。但如果把优质的工作机会当成猎物,我们就会更加主动、更加有准备地与猎头联系。

想要捕获更好的工作机会,我们需要提前做准备。

就像企业会和一些优质猎头长期合作一样,我们也需要建立自己的优质猎头库。在准备跳槽时,你有没有能联络的猎头?如果还没有,那现在开始寻找也不晚。几十年的职业生涯,许多人跳槽的次数会超过十次。有意识地与优质猎头建立联系,你能够获得以下资源。

(1)更准确的薪资信息。大部分职场人都只了解自己的薪资,连本公司同事的薪资都不了解,更不用提人才市场和其他公司了。面临跳槽的时候，只能根据自身薪酬谈涨幅。只看自身、不看市场的坏处很明显：如果你的期望薪酬高于市场薪酬，就会错失机会；如果期望薪酬远低于市场平均水平，跳槽就会吃亏。

（2）更及时的人才市场变化。由于每天和大量不同公司的求职者打交道，因此猎头是对人才市场变化感知最敏锐的一批人。你所在公司裁员的信息，猎头可能比你更早知道。并且他们也很乐于和候选人们保持联系，分享和核实市场信息。通过猎头，可以了解自己所在行业、所任职岗位的人才市场变化情况，从而更好地选择跳槽的时机。

（3）独家的岗位机会，尤其是对于高端人才。对于许多高端岗位，用人单位并不会在求职网站公开招聘，而是会由猎头低调寻访。这些岗位往往是公司的核心岗位，并且薪酬较高，因此招聘时更加低调。如果你没有熟悉的猎头资源，这种工作机会几乎是不可能得到的。

获得这些好处的前提是——你拥有自己的优质猎头资源。然而猎头从业人员良莠不齐，大部分的猎头并不专业，他们既没有资源也缺乏专业素养。真正有资源、了解行业的猎头是值得你花时间去辨别的，并且需要你在整个职业生涯里与其维持关系。

7.1.2　5步建立自己的猎头库

如何建立自己的独家优质猎头库呢？

第一步：进入猎头的视线里。

在求职阶段，可以使用猎聘网。在更新简历后，就会有大量猎头线上联络你，你也可以主动向感兴趣的岗位投递简历。这一步并不会额外耗费你的求职时间，但有意识地使用猎聘网这个渠道，就是你建立自己猎头库的开始。

第二步：添加微信。

相较于企业 HR，猎头往往会更加积极地添加候选人的微信。作为职场人，并不需要拒绝猎头添加微信好友的请求。

> **Tips**
>
> 即使是看起来不那么专业的猎头，他也可能会为你带来一个较好的工作机会。

拒绝猎头的好友申请，就是拒绝潜在的工作机会。如果对不同的猎头有不同的评价，我们可以将所有的猎头进行分组，比如"猎头"和"优质猎头"。如果你介意个人隐私，可以设置朋友圈分组可见。

其中的"优质猎头"分组，就是你未来整个职业生涯的个人猎头库。你需要经过自己的沟通、筛选、思考，结合猎头的专业能力和你们的沟通舒适度，选择几位优质猎头，让他们进入你的优质猎头库。

第三步：主动询问职位信息。

添加微信后，有些猎头会进行文字沟通，有些会进行电话沟通。此外，猎头也会给你发送职位相关介绍。这时，我们可以主动询问猎头以下这些与职位有关的问题：

这个职位是新设的还是替换原任职人员？（如果是新设的）为什么会新设这个岗位？（如果是替换）前任是因为什么原因离职的？

这个职位汇报给谁？汇报对象是什么风格？

用人单位对这个职位最大的期望是什么？最需要达成的 KPI 是什么？

这家公司是什么风格的？他们喜欢什么样的候选人？

这些问题都足够具体，是围绕着职位展开的。猎头不是公司 HR，并不需要和他们过多讨论薪资和加班信息。你要把猎头当作自己的信息来源，主动了解一些能够帮助你更好地准备面试的信息。对于这些信息，HR 不一定会告诉你，但猎头通常会知无不言。

不同猎头与公司的合作模式是不同的，对用人需求的了解也不同。在未来的求职过程中，越了解职位信息的猎头就越能够为你提供有效信息。而对这些问题一无所知的猎头，要么是工作态度不够负责，要么是因合作模式而对职位一无所知。那么，这些猎头不值得进入你的猎头库。

第四步：主动沟通行业信息。

猎头公司一般按照行业分组。在一个行业做了十年以上的猎头，对于行业的发展趋势可能远超同行业的公司中层。即使是只做了几年的专业猎头，当你问他行业情况等问题时，他也能侃侃而谈。

和猎头主动沟通行业情况，可能与现阶段的求职没有太大关系，而更多的是为了确认这个猎头是否足够资深、足够专业。在一个行业深耕的猎头，他的客户资源和候选人库都在这个行业，未来往往也不会离开这个行业。和这样的猎头保持联络，未来他很有可能给你提供人才市场信息，带来潜在工作机会。但对行业一无所知的猎头，除了自身缺乏专业度，也很可能会在未来离开这个行业。

对职位和行业都有较高认知，并且沟通高效、愿意和求职者分享信息的猎头少之又少。经由这几步，最后可能只有一两位猎头被打上"优质猎头"的标签。

第五步：与优质猎头建立人脉关系。

经过层层筛选之后留下的优质猎头，是值得你花时间与他们建立长

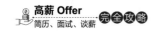

期联系的。成为微信好友并不足以让他们成为你的猎头"资源",你还需要认真与他们建立人脉关系。这样他们才会在未来有适合你的工作时想起你,有与你息息相关的行业变动时告知你。

猎头和绝大部分候选人的联络都是基于线上和电话,但他们一般不会拒绝候选人的见面邀约。想要和一个人真正"认识",先从见面开始吧。不妨主动询问对方是否有空见面认识一下,以轻松的心态去结识一位新的猎头朋友,不要抱着太功利的态度。就像和新朋友一样自然地聊天。人是有社会属性的,真正"认识"对方,可以让你们在未来十几年的职场交往中感知到对方是值得信任的对象,能够保持密切联系。

作为职场人脉,猎头并不像同事一样和你有过长时间的相处。因此,你需要额外花一些时间、精力和对方保持联络,例如,朋友圈点赞互动、偶尔线上聊天、节假日问候等,都是不错的保持联络的方式。如果实在感觉和对方不够熟悉,无话可聊,也可以直接询问:"最近忙不忙呀?""我们行业招人这么多啊?"这样既可以问候对方,也能帮助你了解目前的人才市场。

个人猎头库的建立是逐步的,但是需要你有意识地经营。这样工作十几年之后,你就会发现你的跳槽比别人更容易、更高效。

用好内部推荐

内部推荐是指企业内部的员工将外部人员的简历推荐给 HR，很多公司都会使用这种方法。企业在安排面试时，内部推荐的简历优先级往往会高于求职网站和猎头推荐的。甚至有时会仅仅因为简历来源是内部推荐的而降低任职要求。这是因为大部分企业都认为，企业员工是了解公司业务和文化的，因此他们推荐来的候选人，自然相对别的渠道更加合适。

在内部推荐时，同部门的内部推荐往往优于跨部门，因为同一个部门的同事更了解本部门需要的技能。这种情况下的内部推荐往往能给被推荐的人带来一些额外特权，如优先安排面试、免去笔试等。

因此我们在求职阶段，可以主动寻求内部推荐。

一方面，寻求关系网里的熟人帮忙。如果你刚好有认识的人任职于某家你想要加入的公司，那么不要犹豫，试着请求朋友帮忙。

另一方面，不要仅把目光局限于认识的人。也可以尝试使用社交媒体，例如，在小红书、微博上搜索"公司名 + 内部推荐"。许多知名企业的内部员工都会发布帮忙内部推荐的信息。如果对方只是发送官网链接让你填写，或需要你提供简历，那么，也是可以尝试的。因为许多企业为了鼓励员工内部推荐，会设置不菲的内部推荐奖金。受到奖金驱动，许多企业的员工是很乐于内部推荐的。

> **Tips**
>
> 在使用社交网络寻求内部推荐机会时,一定要预防网络诈骗。对于陌生链接,先确定来源,并且尽量避免内部推荐的付费交易。在求职的同时,务必做好个人隐私和财产的保护。

打开求职思路

当我们积极寻求新的工作机会时,一定要打开思路,关注不同的求职渠道。也许你所在的行业、岗位、城市,刚好有比主流求职渠道更合适的机会。

7.3.1　企业官网/官微/公众号等

除了小微企业,大部分公司都有自己的公司官网。如果你有明确的目标公司,不妨搜索并查看企业官网、企业微博、企业公众号、企业的招聘公众号。有很多的公司,将官网和招聘公众号作为优先招聘渠道。另外,查看这些官方宣传渠道,也能帮助你很好地了解这家企业的相关信息,为未来可能的面试做准备。

7.3.2　行业求职信息汇总公众号

许多细分行业都会开设公众号专门搜集和发布求职信息。在微信上搜索"行业+招聘"或"行业+求职"等关键词，就可以搜索到许多与自己相关的求职信息。这些求职公众号往往更加垂直，发布的岗位也更加及时，空岗位的比例更低。对于想要考公考编的人，也能够找到汇总较新的招考信息的公众号。它们往往是辅导机构运营的，是为了给辅导机构引流，可以忽略页面的广告，在看到相关招考信息后先去百度搜索招考机构的官方网站，然后找到官方的报名通道。这样可以为你节省许多搜集求职信息的时间。

7.3.3 本地人才网

许多二、三线城市都有本地的人才网，在百度中按"城市名+人才网官网"搜索就能找到它们。这些本地人才网在当地运营多年，往往有更多的本地客户。许多招聘量不大的本土企业可能会仅使用本地人才网，而不会开通其他价格较高的主流求职网站。因此，本地人才网很有可能会有一些在别的求职平台上没有的职位。

7.3.4 地区的政府服务公众号

为了解决就业问题，许多城市会有地域性的就业帮助，会分享所在区域的企业招聘信息。在微信上按"地区名"、"地区+招聘"或"地区+求职"进行搜索，在搜索结果中选择有"政府"或"事业单位"后缀的，如图7-1所示，这样的才是政府服务账号，发布的信息更加有公信力。

图 7-1　政府服务号搜索示意

7.3.5　线下招聘会

由于网络的发达，现在的年轻人越来越习惯线上求职。但线下招聘会也还是会举办的，并且参加线下招聘会的所有职位一般都有真实需求。对于线下招聘会这种信息，一般能够在地区的政府服务公众号上找到。

7.4 大学生的专属求职渠道

随着每年大学生毕业人数的增加，应届生的求职也日益激烈。大学生的求职有其特殊性。如果你是大学在读，那么可以使用以下大学生的专属求职渠道。

7.4.1 实习留用

许多大学生会通过实习来增加社会经验，也为未来的求职做准备。其中一部分较为优秀的实习生，会在实习期间收到公司的 Offer，被邀请毕业后加入公司。如果实习期间感受到了成长，团队氛围和待遇都不错，那么通过实习在企业留用是很好的选择。想要获得实习留用的机会，可以在选择实习岗位的时候就提前询问 HR：这个岗位有留用机会吗？一般都能够得到明确的答复。

7.4.2 秋季校园招聘

每年秋季，各大企业都会针对来年毕业的大学生进行集中招聘。企业一般从每年七八月开始预热，九至十一月进行校园宣讲会、招聘活动。目前，秋招也是许多应届生求职时最关注的渠道之一，但并不是所有应届生都适合秋招。能够在秋招中拿到 Offer 的，一般是毕业院校、专业都有较大优势的大学生。因此在投入大量时间之前，你可以先询问辅导员和学院的职业发展中心的老师，了解往届的学长学姐有多少人是通过秋招拿到 Offer 的，就业去向如何等。

了解清楚后，根据自己院校、专业和自身情况，对自己秋招上岸的可能性进行评估。如果希望渺茫，那么大四上学期就可以找一份有留用

机会的实习工作。即使没有留用机会，一份含金量较高的实习经历也可以帮助你在毕业季得到更多的面试机会。如果较有希望通过秋招拿到 Offer，就需要好好备战，关注秋招信息，并有针对性地准备简历和面试。

7.4.3 专属求职网站

在秋招阶段，主流的招聘网站都有专门的信息汇总页面，更新各大公司的秋招岗位和时间节点。相对来说，智联招聘的秋招信息较为全面，页面也较为友好，可以重点关注。

相较于别的主流求职网站，BOSS 直聘有较多对工作经验要求较少的初级岗位。而应届生求职网、实习僧、大街网等都是专门针对应届生求职的网站，无论是秋招、春招信息汇总，还是实习岗位、对工作经验无要求的初级岗位都较多，在求职阶段可以关注它们。

7.4.4 春季招聘和校园招聘会

各大企业在秋季招聘时未能完成的招聘目标，一般会在来年春天进行补录。一些规模较小、招聘量较小的企业也会通过春季招聘为企业补充人才。大学也会在每年春天举办综合类的线下招聘会。在秋季校园招聘中尚未拿到 Offer 的同学们，可以抓住春季招聘和线下招聘会的机会。

这段时间的春招宣讲会和校园招聘会较为密集，优先级较高的首先是学院对接的招聘会，其次是本校招聘会，再次是其他学校或社会组织的招聘会。学院对接招聘会的用人单位，往往是有针对性地想招聘你所在学院的学生，而本校、其他学校、社会组织的招聘会的针对性则会依次降低，想要从众多求职者中脱颖而出，你需要花费更多精力。

7.4.5 学校老师

现在许多高校都有校企合作，会和当地的大型企业达成定向培养计划。可能只需要较为简单的条件，就能直接入职，这样求职就轻松多了。除了校企合作，也可以积极与辅导员、职业发展中心的老师进行沟通。他们每年都和毕业班的学生打交道，往往更为了解本专业的就业方向，也有许多往届毕业生的联系方式。遇事多向老师请教，可以获得更多的就业信息。也可以主动询问老师，是否可以请学长、学姐进行内部推荐。这些方式都能帮助你更好地提升求职效率。

第 8 章

面试通知来了

经历了准备简历和海投的辛苦,张小白终于收到了第一个面试邀请!

正准备进地铁站,张小白接到一个座机打来的电话。

"您好,我们收到了您投递的简历,请问您明天上午 11 点有空到我们公司来面试吗?"

"有有有。"

"好的,稍后我会把面试详细地点发给您。"

"好的,多谢。"

但是直到晚上睡前,他也没有收到 HR 发来的信息。他发现自己并不知道对方要从哪里给他发送面试地点,也不知道是哪家公司。他只能把最近投递简历的每个求职网站依次打开,但并没有发现任何面试邀约信息。次日一早,他回拨电话,却发现需要拨打分机号才能接通。

张小白就这样错过了面试。

4种还没面试就错过的沟通

8.1.1 不核实面试基本信息

张小白接到面试电话却没收到面试信息,对于这样的情况,在初次求职的人群中很常见。有经验的HR会明确告知求职者,通过什么渠道发送面试信息,并且会反复确认。但也有一些HR因为偷懒或不专业,只是简单告知。

求职者往往会通过多个求职网站投递简历,经常发生因为投递了太多职位而不记得自己投递了哪家的情况。如果在接到邀约电话时没有和HR确认公司名称、面试时间和地点、信息确认方式等基本信息,那么很可能会在挂了电话后就失去了方向,无迹可寻。而有些HR,对于约好面试未能出现的求职者,默认是求职者主动放弃了面试,并且不会再次核实询问。许多求职者,就是因为少了信息核实环节而与面试失之交臂。

8.1.2 不清楚面试主动权

面试是用人单位与求职者之间的博弈。

当人才市场供不应求时,用人单位为了争取优秀人才就会支付更高

> 的薪酬，面试的时候也会更侧重于吸引人才。当人才市场供大于求时，用人单位就会提高筛选人才的标准，降低薪酬。

想要判断你所在的行业、岗位的人才是供不应求还是供大于求，看看自己收到的面试和 Offer 数量就知道了。

在目前的人才市场里，大部分优质岗位的人才是严重供大于求的。许多求职者对这一点并无认知，因此在初步沟通阶段就对企业有诸多疑问和要求。但是，此时的面试主动权是掌握在企业手中的。简单直接的表现是，如果你和 HR 的沟通中出现了任何问题，面试都会被直接取消。原因很简单——选择权在用人单位手上。

意识到这一点很重要，它决定了你整个面试前后的沟通基调。当选择的主动权掌握在用人单位手上时，我们需要的是争取机会，从众多的人才中胜出。但当收到 Offer 时，选择的主动权才掌握在我们手中。那个时候，才是我们和用人单位谈判的最佳时机。

8.1.3 不等答复就连续发问

不等 HR 回复就一连串地询问薪资、工作时间等基本问题，很容易导致原本已经发出的面试邀约被撤回。常见的错误提问方式如下。

感谢您的面试邀请。在面试前我想先和您了解一下：

（1）公司会不会缴纳五险一金？

（2）试用期多久？试用期工资打折吗？

（3）公司是双休吗？

（4）上下班时间是几点？

（5）工资几号发？

（6）贵司的晋升和调薪制度？

（7）需要加班吗？有加班费吗？

（8）公司都有什么福利？

……

这种发问方式在真实求职中很常见，如果被这样连环追问，很多HR的第一反应就是不回复。如果尚未发出面试邀请，则基本不会发出邀请了。已经发出面试邀请的，有些HR会带着对沟通能力更高的筛选标准去面试，有些则会直接取消面试。

无论提问方式多么礼貌，在线上沟通时这样连续发问，都会引起对方的不适。因为这是不符合正常的沟通习惯的。对话需要有来有回，不等对方答复就连续问出近十个问题，明显沟通能力有待考量。此外，所提问的这些问题，有的在求职网站上就有显示，有的更加适合到发Offer阶段再进行沟通。即使其中有一些你非常在意的问题，也要像正常对话一样，得到对方答复后再询问下一个问题。

8.1.4 沟通态度欠佳

这种情况通常会发生在一些需要专业技能的岗位上。许多对专业技能要求较高的岗位候选人，会认为"HR对我的岗位一点也不懂，他凭什么面试我？"，带着这样的心态和HR沟通，自然会表露出相应的情绪和态度。

如果你刚好有这样的想法，那么可以稍微改变一下认知。HR 对于你的专业技能的确完全不懂，但他一定了解用人单位的任职要求。在这个岗位的招聘流程里，HR 看过无数份与你履历类似的简历，也和无数位具有同样技能的候选人沟通过。对于这个岗位需要的相关经验、性格特质、履历背景，他都是清楚的。更不要说，作为用人单位筛选人才的第一关，HR 完全有权限将你判定为不合适。

对 HR 的尊重不一定会让你获得 Offer，但与 HR 沟通时态度欠佳、缺乏尊重，则一定会让你失去 Offer。

面试邀约万能答复公式

面试邀约通常有线上邀约和电话邀约两种方式。对于这两种方式，在答复时略有不同。

线上邀约通常经由求职网站直接发出，在处理上要相对简单一些。收到邀约时，我们需要快速确认以下三个信息：

之前的线上投递记录和沟通记录；面试时间和地点；公司名称和岗位说明。

假借招聘名义行诈骗之实的事情时有发生，因此我们在收到面试邀请时一定要确认这个岗位是否真的投递过，并确认面试的时间、地点是可以接受的。

网上投递的公司可能较多,你可以在收到面试邀约时快速浏览公司主页,确认基本的单双休、工作地点、社保公积金缴纳等信息,同时也再次确认岗位是自己感兴趣的。

确认了这些细节后,确认可以接受面试邀约,用文字回复HR,表达感谢和接受邀约:"感谢邀约,我会准时参加面试。"如果你愿意,也可以用自己的方式优化表达。

如果想争取更多的机会或方便后续沟通,你可以主动询问HR是否可以添加微信。你也可以尝试询问,"请问有关于公司和岗位的介绍吗?方便的话麻烦发给我,我想在面试前多了解一些。"有些公司除了官网和求职网站上的信息,会有额外的关于公司和产品介绍的文档。主动寻求更多信息,很可能在后续面试环节提升你的回答质量。

电话邀约往往更为突然,通话时需要即时回答,因此我们一定要提前准备好思路。接到HR来电时,一般需要确认以下重要信息:

(1)公司名称;

(2)面试时间和地点;

(3)正式面试邀约的发送渠道;

(4)联络方式。

大部分HR会在电话接通时就先自报家门,但如果他没有明确告知公司名称或者你没听清,那么一定要确认。如果HR没有告诉你具体的面试时间和地点,只是模糊地表达需要你去面试,那么一定要询问清楚。在得到准确答复后,要确认稍后会通过何种渠道、何时发送正式的面试邀请。常见的面试邀请发送渠道是邮箱、短信、微信、求职网站等。另外，如果对方是座机来电的，那么一定要询问："万一临时有急事，我怎么跟您联系呢？"以防电话无法直接回拨。

挂断电话后，需要及时确认正式面试邀约是否收到。万一没有，要及时和 HR 联络，以免因为对方的工作失误而影响自己的求职。

接到面试邀约后如何做

收到面试邀约一定要去吗？当然不是！尤其是在简历投递阶段，我们扩大了简历投递范围，只根据少数几点要求筛选出一些公司和岗位，那么接到邀约的岗位很可能并不是百分百契合我们的要求。

> **Tips**
>
> 收到面试邀请并不意味着必须参加面试。许多公司、岗位可能存有潜在风险，因此我们在收到面试邀请后，需要对邀请我们面试的公司做出调研，过滤掉高风险的、不符合我们求职期望的公司。

8.3.1 5 步筛选出靠谱公司

第一步：查看求职网站上的公司介绍，确认工作时间、公司成立时间。如果是电话接到面试邀约的，需要和对方确认公司名称后再到求职网站反向搜索。

首先，确认该公司每周是单休还是双休。对于没有经历过单休的求职者来说，不要轻易接受单休。单休并不是简单的每周多上一天班，而是每周工作和休息的时间比从 5∶2 变成了 6∶1。单休时你感受到的休息时间减少和疲惫程度，是双休时的两倍还多。而原本就是单休的求职者，如果不想继续单休，也可以从这一步就开始拒绝单休公司的面试。

其次，查看公司成立时间。这也可以作为分析此公司是否靠谱的依据。虽然这点并不绝对，但相对来说，刚注册不久的企业，如果没有资金雄厚的母公司，业务是较有可能出现问题的。而成立超过 5 年的企业，至少已经顺利运行了好几年，业务相对较为成熟，风险较小。

最后，查看企业人员规模。如果你对平台大小有要求，想要加入大型企业或者创业公司，企业人员规模可以让你快速做出初步判断。

第二步：查看求职网站上的职位描述。

在了解公司情况后，要先确认这个职位是否与求职目标一致。在海投简历时，很多名称类似的职位，实际工作内容差距较大。我们已经有了明确的职业规划和目标，不符合未来职业发展路径的职位可以选择拒绝。另外，以下三种情况，即使职位符合我们的求职目标，也建议慎重考虑是否参加面试。

一是职位描述极其简单的。一般的职位描述包括工作内容和任职要求，分别会罗列 4～10 条关于工作的具体内容和任职要求。但有的职位描述会简短到只有两句话，例如，"负责公司行政工作，擅长沟通。"出现这样的职位描述，一般是因为公司没有 HR，或者 HR 极不专业。无论是哪种情况，都值得慎重考虑。

二是职位描述只有任职要求，没有工作内容。它要求求职者必须有

几年工作经验、具备哪些技能、大学专业等。全部内容都在对求职者的能力进行要求，但基本不提这个岗位的工作内容。出现这种情况一般是因为企业内部较为混乱，还没有确认这个岗位的具体工作内容，只是想招一个有能力的人，但这个有能力的人加入后承担何种职责、如何衡量工作结果，暂时都没有想法。

三是职位描述看起来很正常，但看到最后，却是"不为失败找借口""加入我们就是赚钱的开始"等口号。对于这样的公司，要么你能够高度接受打鸡血似的企业文化，要么加入后三天就想逃。

第三步：查看企业资质。

求职网站上的公开信息是由用人单位提供的。确认完求职网站上的公司介绍与职位信息后，我们还需要查看第三方网站，继续筛选、过滤公司。

首先使用企查查或者天眼查，搜索公司全名，这两个网站都可以显示企业的注册、运营信息。对于网站提示的风险项需要重点查看、分析，尤其是经营风险里的劳动仲裁项。结合企业的人员规模对比参考，如果一家几十人的公司就有多位员工选择劳动仲裁，那么这家企业在用工、工资发放上一定有较大风险。

第四步：查看第三方网站上的企业口碑。

除了在求职网站上查看企业风险，我们还可以通过社交媒体了解其他求职者和员工在该公司的经历。例如，小红书、脉脉、微博都是较好的了解渠道。搜索公司名称或者该公司的面试，了解别人的面试经验，既可以在面试前排除雷区，也可以更好地准备面试。

第五步：确认面试时间和地点。

> 正常情况下，非管理岗职位的面试都会约在工作时间。基础岗位如果约在非工作时间面试，大概率加班非常严重。尤其是连面试都要约在节假日的，面试官也是加班来进行面试的。这样的公司，一般企业文化不太合理，既不尊重国家法律制度也不尊重员工。

如果是管理岗职位，面试约在周末或节假日就较为常见。许多面试官是公司老板或者核心管理团队，工作日的时间安排较为紧凑。而且大部分管理岗的劳动合同是不定时工作制，工作时间较为灵活。故面试安排在节假日也无可厚非。

在接受面试邀请前，需要先上网核实面试地点。正常情况下，面试会安排在办公楼或者营业场所，如企业的办公室或者咖啡厅等。如果是约在私人场所，则建议询问原因。如果不是非常合理的解释，那么出于自我保护，最好拒绝面试。

确定面试场所没有问题后，也要查看通勤时间和距离。如果通勤时间超出预期，也需要考虑是否接受面试。毕竟一旦面试成功，之后每个工作日都是需要通勤的。

8.3.2 拒绝面试的万能话术

接到面试邀约后，又不想去面试了，怎么办？如果直接拒绝，那很可能会让你丢失未来的工作机会。

用人单位对于参加了面试但没有通过、约了面试但未来参加、发了Offer但没有接受的求职者一般都会有记录。尤其是大型企业，对于不同类型的求职者会有不同的处理。例如，对于面试未通过的求职者，可以

在半年或一年后重新安排面试；但对于已经接受面试邀约但未出席的求职者，许多公司会选择未来不再考虑。

对于有些公司，你选择放弃面试，并不是因为公司本身有问题，也许只是因为工作内容不符合期待，或者地点太远，等等。仅仅因为这一次的放弃，就让自己未来永久失去该公司的机会，显然不太值得。为了不出现这种情况，你可以在做完排查步骤后，对于不想出席的面试可以礼貌表达拒绝。

对于求职网站直接发送的面试邀约，对公司排查后，可以点击"接受"按钮或"拒绝"按钮。如果点击"拒绝"按钮，可以同时附上一段文字：

"感谢邀请面试。但我刚接到了 Offer，就不再继续面试了。希望公司未来发展越来越好。"

拒绝时可以先表达谢意，再表明拒绝的原因，最后礼貌表达祝福。

在拒绝面试时，表明已经接到 Offer 是较好的拒绝理由，因为它既表达了不是对方公司的原因，也侧面说明你已经得到了其他公司的认可，对于你未来再次求职该公司也不会有任何负面影响。如果你想使用其他的拒绝理由，只要合理，也完全可以，同时你也可以用自己的方式表达祝福。

有时我们已经接受了面试，又或者是电话邀约时已经在电话里口头表达了接受面试，但在排查和了解信息后决定不参加面试。这时我们同样可以使用已接到 Offer 作为理由，只是需要再多表达一层歉意。

"您好，我刚接到了 Offer，所以原定明天下午三点的面试我就不参加了。很抱歉给您的工作添麻烦了，感谢邀请我去面试，也希望公司未来发展越来越好。"

先告知对方原定面试需要取消，再表达歉意和感谢，最后表达对公司的祝福。你也可以在这个话术的基础上，调整成自己的表达。

 Tips

拒绝面试没什么关系，因为工作是双向选择。我们要做的就是尽量不要因为单次的拒绝而影响未来可能的求职。只需要一个礼貌拒绝，就可以解决这个问题。

8.3.3 超全面试准备

能否拿到Offer，不全取决于面试表现，有时在面试前就已经决定了。面试前我们需要从行业、公司、岗位三个角度来为面试做准备。

第一步：了解行业信息。

并不是只有企业的管理层才需要了解行业信息。了解自己所在行业的发展趋势，可以帮助你更好地预判自身职业的未来发展。在面试时展现出你对行业的了解，可以传递出你对职业的兴趣度和稳定性，以及你较强的学习能力，总之可以很好地为你的面试加分。

对于行业的了解，有两种方式。一方面可以通过阅读专门的行业调研报告。在洞见研报、艾瑞咨询、前沿报告库等网站，都可以直接搜索行业的关键词找到相关报告。另一方面可以通过知乎、知识星球等App，搜索相关行业信息进行多方面了解。

在了解行业信息时，需要重点关注行业现状、未来趋势及与岗位相关的数据。行业现状可以帮助你更好地理解公司面临的状态和职位需要解决的问题。未来趋势是对行业发展的预判，如果你考虑转行、面临新的行业选择，行业发展的未来趋势是重要的衡量标准。与岗位相关的数据是与面试息息相关的，在面试中试着提及它们可以很好地为自己加分。在了解信息的过程中，要始终带着问题进行思考，比如："这些行业现状、未来趋势对我加入这家公司的工作有影响吗？"

第二步：了解公司信息。

在面试时，当HR问到"你知道我们公司是做什么的吗"这个问题时，很多求职者会一脸茫然地回答"不知道"。对于这样的求职者，用人单位通常就不会考虑了。因为这说明了你准备不足、缺乏学习能力，并且对公司的兴趣度较低。在面试前，我们可以从以下几个方面了解公司信息。

首先，查看公司官网，了解业务方向、近期新闻、发展历史。最重要的是公司业务，尤其是有些大型企业有多条业务线，在面试前需要确定自己面试的职位具体负责什么产品，该产品在公司业务里处于什么位置。企业的近期新闻可以让你和面试官很容易找到沟通的话题，而发展历史能够帮助你更好地理解公司目前的发展阶段。

其次，了解公司产品，如果有可能，可以亲自试用并记录对产品的反馈。有些公司的产品是直接面向个人的，如果获得代价不高，那么可以以消费者和工作人员两个身份进行试用。面试时主动提起对产品的调研，可以很好地展现你解决问题的执行力，并且也能够让面试官感知你对公司的强烈兴趣。

再次，如果应聘的是较为知名的公司，那么可以在小红书、脉脉、微博等平台搜索公司名，了解公司倾向录用什么性格的人，如狼性、努力、敬业、创新精神等。据此，可以发掘自身相关特性，提前准备案例，面试时通过对案例的回答和行为放大特质。

最后，如果认识企业内部员工，那么可以提前了解面试官风格。面试官风格也会影响面试的通过可能。提前了解面试官，可以帮助你更好地把握在面试时的个人表现。

第三步：了解岗位信息

这一步非常重要。对于即将要面试的岗位，需要在面试前非常仔细地阅读岗位描述。尤其是职位的需求项，需要对照每一项，询问自己是否符合。

——符合，准备对应案例。若有相关的工作经验，就提前准备好之前工作中的数据，以免面试中被问到时想不起来。如果想证明自己具有相关的能力，那么你可以根据岗位描述上的要求提前准备对应案例。

——不符合，就要挖掘可以证明你具有潜在的胜任能力和学习能力的案例。也许你不是每条任职需求都符合，但对于不符合的项依然需要准备案例。只是准备的方向更加侧重于证明自己的软性技能和学习能力。

也可提前询问 HR 和猎头："这个岗位想要招什么样的人？"如果有答复，则可以根据岗位期望调整准备。

8.3.4 准备面试案例

一场面试的沟通时长通常在 20～40 分钟。许多求职者感觉面试前的准备简直无从下手。但实际上，面试问题一部分是基于对简历履历的核实，另一部分是关于你个人能力的考察。其中最为典型的，就是行为面试法的提问。这一类型的问题会聚焦在你过去的经历上，通过让你回忆一个具体的案例,以及对这个案例的讨论,来推断你具备未来胜任这份工作的能力。单个问题耗时为 5～10 分钟,面试官会非常详尽地询问你之前在这个案例中的想法与行为。

HR 的提问思路基本会遵循 STAR 法则。STAR 法则是 Situation(情景)、Task(任务)、Action(行动)、Result(结果)四个单词首字母的缩写,具体提问思路如下:

Situation:案例的背景是什么?当时面临什么情况?

Task:面对当时的问题,你设定了什么样的目标?怎么设定目标的?

Action:为了实现目标,你做了哪些行动?

Result:经过你的行动,达成了什么样的结果?

了解了面试官的提问思路,我们就可以跟随以下步骤,在面试前想好如何回答。

第一步:由近至远,回忆最近两年令你记忆深刻的事情。如果是经验丰富的职场人,回忆范围最好限定在工作领域内。如果是刚毕业或者是大学生,那么回忆范围可以放宽至校园实践、学习、兼职等。准备纸笔或者打开 Word,以关键词的方式记录事件。

第二步:分析职位。对照岗位的任职要求,分析、思考这份工作需要什么能力。例如,有些职位会在职位要求里直接写明需要"沟通能力强""擅长市场营销""具备团队管理能力"等。而有些职位虽然没有明确要求软性技能,但只要研究工作内容就能得出答案。例如,销售岗位需要工作具有主动性、较强的说服力;HR 岗位要擅长沟通等。同样,以关键词的方式记录下这个职位所需的性格特质。

第三步:比对两列关键词,寻找契合点,思考这些让你记忆深刻的事件，哪些是可以体现职位所需特质的。例如，作为项目管理者，你在去年成功完成了公司的重点项目。这个事件可以证明你具有"项目管理能力""团队管理能力"，在"时间管理""执行力""沟通能力"的维度也都可以佐证。又如，作为大学生，你在去年将大学英语六级的分数从上次的不及格提升到了584分。分数的提升除了证明你的语言能力较强，也可以说明你具有"学习能力""计划能力""执行力"。经过这样的分析，基本可以确定几个适合在面试中回答的案例了。

第四步：准备细节。确定案例之后，就可以按照 STAR 法则的思路来整理了。

> 按照 STAR 法则的思路整理案例，可以针对每一个事件回忆当时是在何种情景下，需要解决什么问题，为此你设置了什么目标、如何行动，最后取得了什么样的结果。同时最好加入当时的真实数据，以增强答案的可信度。

由于需要还原细节和追查数据，这一步会较为耗时。以"大学英语六级考试分数的提升"这个非常简单的事件为例，经过整理后，它可能是下面这样的。

回忆点：大学英语六级考试分数提升。

与职位需求的契合点：学习能力、计划能力。

Situation：大三下学期的第一次大学英语六级只考了412分，未能及格。

Task：希望能顺利通过大四上学期的大学英语六级考试，并尽可能地取得更高分数。

Action：通过练习真题分析自己的弱项，发现听力与阅读能力最差。因此制订了暑假英语强化学习的计划，增加词汇量，并进行大量的英语原文阅读和影视剧观看。通过时间打卡，确保学习计划能够在假期里执行。大四上学期开学后通过真题和模拟题的反复练习，提升答题准确率。

Result：大四上学期的大学英语六级获得了 584 分的成绩。

如果是工作中的案例，就会涉及更多细节。回忆案例中相关的细节和数据，也可以帮助你更好地厘清回答思路。

经由这四步梳理的面试案例，能够帮助你从容地应对面试问答。建议在面试前准备三个左右这样具有丰富细节的案例，每个案例都可以多角度佐证你具备目标职位所需的特质、技能，这样基本就可以应对面试问题了。

5 个面试小技巧

在面试前，你已经做好了准备工作，了解了行业、公司、岗位等信息，也准备了相关案例。那么再了解一些面试小技巧，将能帮你锦上添花。

8.4.1 树立自信：这个岗位应该招我而不是别人

面试前可以考虑这样一个问题："这家公司为什么要招我，而不是别人呢？"

这个问题需要你先给出明确答案，带着案例和数据去说服面试官。如果你自己都回答不出，那么又如何说服别人给你 Offer 呢？

肯定的答案来自对自身优势的挖掘和对岗位的分析。关于自身优势的发掘，可以从专业技能、过往经验、性格特质、公司与岗位匹配度、岗位加分项等多方面思考。寻找与岗位的契合点，通过案例准备将优势放大。

这个过程不仅是为案例准备数据的过程，也是自我催眠获取自信的过程：没有人比我更适合这个岗位。自信不仅能让你在面试沟通时更有底气，更会向面试官传递出你可以胜任岗位的信号。

8.4.2 调整心态：不要为了面试患得患失

很多人在接到面试邀约后就开始紧张，甚至因此而失眠。但带着这样的压力去面试，并不利于通过面试。面试前的心理调适可以从以下几方面来进行。

首先，用实际的行动减轻焦虑感。与其不停地担心面试，不如打开电脑，研究行业、公司和岗位。准备工作本身就是用行动在对抗焦虑，面试准备得越充分，对面试的担忧也越少。

与此同时，你也需要意识到，面试并不是选择"最优秀的"，而是选择"最合适的"。即使这场面试没有通过，也不需要自我否定。你只是不适合这个岗位而已，不是不够优秀。

> **Tips**
>
> 不用担心因为面试官不喜欢真实的你而错失 Offer。如果他们不欣赏真实的你，那么最大可能是你的性格与企业文化并不相符。那么即使加入，你很快也会感受到不适应。与其之后浪费时间，不如通过面试就发现彼此不合适。

8.4.3 针对岗位梳理短期职业目标

求职前我们已经有了明确的职业规划。在面试前，确认岗位对我们实现未来的职业目标有帮助，不仅可以更好地理解职位、准备面试，也能够帮助我们更好地长期发展。明确这一点，也可以在未来的接收 Offer 环节更好地进行评估。

对此我们可以尝试回答以下问题。

该岗位一/三年后的工作内容是什么？

——结合行业发展速度和面试的具体公司、职位，提前思考这个岗位未来的工作内容的变化。可以就这个问题询问专业人士或同行前辈；如果是猎头推荐的岗位，也可以尝试询问猎头。

这个岗位我想要做多久？之后如何转变？

——在加入一家公司前，先思考自己在这份工作上想要达成的目标，这样可以帮助你更好地规划职业发展。

8.4.4 选择适宜的面试服装

不同的行业、公司有不同的特性。在求职时了解应聘公司的企业文化与着装，能够帮助你更好地通过面试。

对金融、法律等较为注重着装的行业，无论男女，最好能提前准备一套有质感的西服。对于游戏公司，穿着公司游戏周边的 T 恤、卫衣，能够让面试官眼前一亮。这些都是可以在面试前准备的。

如果不能确定面试公司的着装文化，那么至少要干净、得体地出现在面试场合。通常，可以选择有领的服装，如衬衫、POLO 衫等，这样可以较好地提升自身的专业形象。

8.4.5 一切行为都与面试有关

谨记：一切行为都与面试结果有关！

从接到面试邀请开始，其实你已经在面试了。你和 HR 的对话虽然不是发生在面试中，但也会影响他、影响用人单位对你的判断。求职者最好能够保持较为礼貌的态度和 HR 进行交流。

而面试时的一言一行，也都会影响面试结果。例如，面试官问你"过来的路上远吗"，也许你听到的只是面试官在和你寒暄，但其实这也和面试有关。这句话不但完成了和你刚见面的寒暄，同时也在了解你未来的通勤时间。如果你不巧迟到了几分钟，这个问题就不仅是确认通勤时间了，也需要了解迟到的原因。

面试行为也是很重要但常常被忽视的部分。面试时举止得体，虽然不会直接决定你的面试结果，但一定会为你加分。

第 9 章

09 面试，开始了

张小白面试了三家公司，沟通算得上愉快，然而结果都是没有下文。

对于张小白来说，面试是极为低频的事件。由于缺乏经验，张小白感觉面试中充满了应聘公司和 HR 的套路。

许多求职者都有这样的感觉，甚至会感觉面试处处是坑。正是由于经验的缺乏和信息的不对等，求职者才会对面试充满了不确定感。

本章将为大家揭秘面试到底需要面什么？面试形式和面试轮次有什么讲究？哪些细节会让我们面试得更加顺利？

面试到底面什么

公司面试是为了选择什么样的人？张小白的第一反应是"选择优秀的人"。但实际上，用人单位追求的并不是"最优秀"，而是"最合适"。

面试是基于职位，根据某一个已经确定的职位要求评估求职者是否符合要求。面试官需要通过对话、观察行为，从各个维度了解求职者，最终选择与职位较为匹配的那一位。不同的公司和面试官、不同的面试形式、不同的面试轮次，都有其侧重的考察点。了解面试的筛选逻辑，可以帮助我们更好地应对面试。

在面试时，不同的面试官在面试时侧重的考察点并不相同。在面试前，我们最好先了解面试官都有谁、他要评估什么，这样可以帮助我们更好地与之沟通。总的来说，面试官通常有以下几种类型，他们在面试时也会各有侧重点。

1. 部门经理

用人需求是由具体的用人部门提出的，部门经理基本会作为面试官对求职者进行筛选。他们较为在意的一定是"能否完成工作"，也就是是否具备岗位相关的专业技能。他们通常更关注求职者简历里的具体数据与工作经历，在面试时会据此进行详细盘问，也经常会提出假设性问题，例如，"如果遇到……情况，你会怎么做？"这个假设性问题，往往就是未来工作中实际需要解决的问题。

部门经理也会比较在意团队合作，毕竟他们需要对整个团队的工作结果负责，所以他在面试的过程中会持续观察这个求职者能否与团队合作顺畅。有时也会基于这个目的，询问你过去和团队合作的情况。当然，面试官往往有各自的考察侧重点。有的部门经理会更在意学习能力，有的部门经理更在意过往经验。这些考察点都会基于专业技能，做出额外的询问、评估。

但需要注意一点，无论面对的是哪个部门的负责人，面试环节都需要尽量营造轻松的聊天氛围。

部门经理更容易因为眼缘、性格等因素对求职者的工作能力做出判断。如果在面试时和部门经理相谈甚欢，即使谈论的内容不是职位相关的，往往也很容易得到 Offer。相反，即使专业能力过硬，但在面试时与部门经理的观点不一致，也往往意味着将失去 Offer。

2. HR

除了一些规模较小暂时没有 HR 的公司，大部分公司都会有 HR 面试的环节。他们往往会基于简历核实求职者的工作经历，并对许多细节问题刨根问底。

除此之外，HR 还会考察求职者的软性技能。对软性技能的考察是多面的，不同公司、不同岗位均有区别。具有普适性的考察点是求职者的稳定性和求职动机。这两点决定了求职者在入职后是否能够长时间为公司服务。若入职后很快离职，显然会增加 HR 自身的工作量。其他较为常见的考察点包括解决问题的能力、团队合作能力、沟通能力，以及个人特质是否与企业文化相符等。

与用人部门负责人较为直接的提问方式不同，HR 的提问往往更有隐藏的考察点。因为他们面试的首要任务就是核实履历真实性。资深 HR 已经积累了无数识别求职者履历作假的经验和话术，他们往往也有许多环环相扣的问题。因此在和 HR 沟通时要多加留意，避免被带入对方设置的"套路"。

HR 一般也承担了谈薪的工作，会询问求职者的薪资和期望值，以及协商 Offer 薪资等。想要拿到高薪，与 HR 的沟通至关重要。

3. 公司老板 / 高管

这里有两种情况，对于规模较小暂时没有 HR 的公司，往往老板会同时扮演部门负责人和 HR 的角色。这类老板在面试时的考察较为细致，从专业技能到沟通，再到个人履历，都会一一评估。面试问题也往往比较直接，求职者需要给出明确的答复。

而规模较大的公司，老板或高管距离用人需求岗位较远，面试会更侧重对个人综合能力的考量。虽然这类老板的面试提问更加接近聊天的方式，但和他们沟通千万不能放松警惕。许多求职者到了最后一轮面试被否掉了，就是因为面试时的沟通过于随意。

4. 平级

有些公司会有平级参与面试，一般由部门内较为资深或专业技能过硬的同事担任面试官。平级的面试官的考察点会着重放在专业技能上，尤其是对某些技术岗，平级面试很可能从头至尾都是技术切磋。这种类型的面试没有任何技巧可言，完全取决于你的技术过不过关。

面试类型各不同

提起面试，你的第一反应是不是和面试官面对面聊天？这的确是比较主流的面试方式。但除了一对一面试，还有一些其他面试形式。预先了解自己要面试的类型，可以帮助你更好地准备面试。

9.2.1 多对一面试

有些公司为了提高效率，或者想要多角度考察，会有多位面试官同时面试一位求职者。例如，HR 和部门负责人，或者同一部门的两三位同事，跨部门的几位同事等，来共同面试求职者。

由于面试官有好几位，因此多对一面试往往会给求职者更大的压迫感，做好心理调适非常重要。但在面试问题上多对一面试和一对一面试并无太大区别，都是一问一答的形式。求职者只需要注意和每位面试官的眼神交流、心态稳定，就可以较好地应对面试。

9.2.2 小组面试

在校园招聘中，较常采用小组面试的形式。求职者由 3～8 人组成一组同时进行面试，按照给定话题自由讨论、汇报、与面试官进行交流。面试官通常有 2～4 人，共同对求职者进行提问、评价。根据不同用人单位的招聘需求，小组面试的通过率各不相同，但一般不超过 20%。

由于面试官和求职者的人员均较多，因此在考察结果上的偏差相对较大。尤其是在小组讨论时涉及角色分配，担任组长和主要发言人角色的求职者往往有更多自我展示的机会，也就意味着更有可能通过面试。这样的偶然性也决定了小组面试更适用于追求高筛选率的校园招聘，而不是追求精准筛选的社会招聘。

> **Tips**
> 在准备小组面试的时候，一方面可以在网络上搜索关于面试公司的面试经验、积极参与讨论并争取发言机会；另一方面要放平心态，接受小组面试的高筛选率和偶然结果。

9.2.3 一对多面试

面试官一次性对话多位求职者，并从中进行筛选。这种方式对求职者的了解较难深入，往往只能观察外在素质和确认基础信息。因此，在对体力要求超过对软性技能要求的蓝领招聘中，一对多面试较为常用。在白领招聘中，也有少数公司为了追求效率，一次面试多位候选人。

这种形式的面试往往有明确的硬性筛选标准，关于面试官的提问要尽量准确回答，给予明确信息。

9.2.4 视频面试

随着技术的发展，越来越多的公司采用视频面试的形式。面试场所由线下移至线上，面试官有时是一位，有时会有两到三位。面试问题和线下的一对一面试并无太大区别,只是由于线上沟通的特殊性,有几点需要格外注意。

一是提前准备面试环境。在视频面试时,常遇到的问题是环境影响:网速差、环境嘈杂、设备无法登录、家人或朋友在附近走动等,这些都会影响面试沟通效果。建议大家在收到视频面试邀请时,至少提前一日测试设备、软件、麦克风、摄像头、网络等,如果有问题,提前和 HR 进行沟通。面试时选择安静的环境,确保旁边没有其他人打扰。

二是提前准备简历。可以用另一台电子设备显示简历,放在面试设备旁边,尽量靠近摄像头。这样面试时如果有需要,就可以悄悄看一眼简历;也可以打印出来放在手边。总之,要尽量避免面试沟通时在沟通页面打开简历的情况。

三是眼神交流。有些人在视频沟通的时候会下意识地看着屏幕里对方的人像。但从对方视角看,当你看着屏幕里的人像时,你的视线是移开的。只有当你看着摄像头时,对方才会感觉到你在看他。眼神交流是沟通时的重要部分,需要有意识地提醒自己多看摄像头、少看人像。

面试轮次的秘密

HR:"恭喜你,通过了我们的面试。想问问您什么时间有空,能过来二面呢?"

张小白这时才意识到，原来加入一家公司，面试不止一轮！他想知道，不同轮次的面试会有什么区别，自己应该如何应对。

在发出 Offer 前，许多公司都会有不止一轮的面试，每个轮次由不同的面试官进行评估。

多轮面试有两种常见的筛选方式：一种是全部面试轮次完成后综合评分；另一种是按轮次过滤，只有通过这一轮次的面试才能进入下一轮次。在实际的招聘中，校园招聘两种方式均有，而社会招聘往往会选择按轮次过滤的方式。

每一轮次的面试都需要认真对待，与此同时，以下几种情况需要格外注意。

9.3.1 专业技能测试

许多对专业技能有要求的岗位，会设置专门的笔试环节，甚至会要求定制化试稿。无论是笔试还是试稿，对最终录用都有决定性的影响。

面试公司一般会在初筛简历后，对基本符合岗位要求的求职者广泛发送测试邀请，达到专业技能要求的才会正式安排面试。看起来比别的面试多了测试环节，但如果测试通过，后续面试对软性技能的要求也往往比其他面试要低得多。

如果你求职的岗位要求参加笔试或者试稿，请不要因为嫌麻烦就拒绝，而是要把它当作对自己专业技能的检验，通过测试发现自己在专业技能上的不足。需要注意的是，对于某些岗位，如文案类、美术类等，可能会有被骗稿的可能性。对此要提前在社交媒体上了解这家公司的面试口碑、在作品里加上"仅供面试试稿"的标识,这样可以降低被骗稿的概率。

> **Tips**
>
> 无论是笔试还是试稿,对录用都有决定性的影响。如果你求职的岗位有诸如此类要求,不要因为嫌麻烦就拒绝。把笔试和试稿当作对自己专业技能的检验,通过测试发现自己在专业技能上的不足。

9.3.2 至关重要的第一轮面试

虽然每一轮次的面试都需要重视,但相对来说,首轮面试是重中之重。不管面试官是 HR 还是部门负责人,首轮面试都是具有高筛选性的轮次。如果面试官是 HR,那么一般通过首轮面试才能和部门负责人进行沟通。如果面试官是部门负责人,那么往往通过该轮面试 Offer 就到手一半了。

公司运转是追求高效的,往往更倾向按轮次过滤求职者。对于不合适的候选人,就不会再浪费下一轮次面试官的时间了。因此在首轮面试前,一定要确认好面试官是 HR 还是部门负责人,抑或是二者都有。HR 和部门负责人考察的侧重点不同,你在面试前的准备工作也会有所不同,所以提前了解更有助于面试中的沟通。

9.3.3 面试官的重复发问

许多求职者在经历同一家公司的几轮面试之后,会有一样的疑惑:

"这个问题上一轮面试不是问过了吗？"也有为数不少的人会因为被重复问同一个问题，在回答时就越来越省略，或者表露出不耐烦，甚至直接反问："这个问题你们不是问过了吗？"

因为面试官的角色不同，每个人思考的方式也不同，HR 和部门经理问同一个问题的考察点是不一样的。而且不同轮次的面试官是独立面试的，他们只会在交流后评估结果，并不会详细交流每一个面试问题。因此在不同轮次的面试中很有可能会问到同样的问题。这种情况下，一定要保持回答的完整性，尤其是有些提前准备好的案例细节，不能因为上一轮面试中已经回答过就简短回答。最好从心态上把每一轮的面试都当作全新的沟通，尽全力去展示自身优势。

9.3.4 最后一轮的 HR 面试

有些公司的 HR 面试轮次被安排在最后一轮。这时的 HR 面试轮次的侧重点就不是"筛选"了，而在于"谈薪"。招聘是为了满足用人需求，经过用人部门乃至公司高层认可的求职者，HR 一般不会推翻之前轮次的决定。

如果你收到了最后一轮 HR 面试的邀请，那么可以稍微松一口气了，因为这是你接近 Offer 的信号。这时需要准备的是谈薪和 Offer 谈判的话术。只要在面试时没有重大失误、没有履历作假，那么到这一轮一般都可以拿到 Offer。

9.4 提高面试通过率的细节

为了更好地通过面试,张小白在这个周末约了他的"面霸"好友李雷。李雷跳槽频繁,几乎每年都在换工作,而且跳槽的公司,一家比一家好。

一顿饭吃完,张小白发现了李雷拿 Offer 的秘诀。

你有没有发现,有些人格外适合面试?哪怕履历相似,总有人更加容易拿到 Offer。他们都做对了什么?哪些细节可以帮助我们更好地得到工作机会呢?

9.4.1 从微笑开始

想提高拿 Offer 的概率,第一步要学会微笑。

人是社会性动物,做出判断时会受到感性因素的影响。而微笑就是你从感性角度,正面影响面试官的最好武器。

微笑能够传递许多正面的信号和情感。

首先是积极沟通的态度,微笑会让面试官感受到你与他沟通的意愿。其次是缓解紧张气氛,面试是一个较为正式的沟通活动,适当的笑容能够让你和面试官都放松下来,营造更好的沟通氛围。再次是表达自信的态度,通过微笑能够将你对职位的信心传递给面试官。最后是缓解压力,微笑也会给自己带来积极的心理暗示,减轻面试时的压力感。

如果你日常生活里就是个爱笑的人,面对压力也没有过多担心,面试时保持微笑就很容易，只需要提醒自己就好。但如果你是个沟通时容易紧张的人，想要在面试时保持微笑就需要提前练习了：面试前准备案例时，不仅要通过文字梳理，也要尝试把答案说出来；在叙述案例时，可以对着镜子微笑着陈述，多重复几遍，并尝试脱稿陈述、尝试以不同的微笑方式陈述、尝试直视着自己的眼睛陈述。这些都可以帮助你在面试时更加自然地面带微笑沟通。

眼神是至关重要的。真诚的微笑需要通过眼神传递。如果你是个内向的人，那么可以先从上一步中直视镜中的自己开始，适应之后可以邀请熟悉的家人、朋友坐在对面帮助练习。要保持和对方的眼神交流，不要害怕直视对方。在面试中如果始终低头、回避目光交流，都会传递出你的不自信，不利于获得 Offer。要先学会眼神交流，并且通过重复练习让自己逐渐放松下来，让你的微笑更加自然、有感染力。

在对镜练习的时候，也要注意对话感。有些求职者为了面试会准备大段的文字，然后背诵。面试是对话交流，而背诵案例则会让沟通格外生硬。所以在练习时要尽量口语化地复述，声音不要过度紧张。

需要格外注意的是，微笑不仅仅是嘴角上扬，还是正面情绪的传达。想要确保传递友好而自信的信号，就要从面试前的对镜练习开始。

9.4.2 学会赞赏

人们都喜欢得到赞扬和欣赏，也会对赞扬和欣赏自己的人抱有更加积极的态度。人们对赞赏自己的人的喜欢程度会因为赞赏的逐渐增加而越发强烈，反之，会随着赞赏的逐渐减少而转向消极。这种因评价动态

变化而产生的心理现象，在心理学中被称作阿伦森效应。我们在面试中可以把它理解为：

面试时态度的动态变化至关重要，由常规态度逐渐转变为积极争取的态度时，最能打动面试官；而由积极争取的态度逐渐转变为无所谓的态度时，面试官对我们的认可也会随之减少。

因此我们最好不要在面试刚开始时，就热烈表达对加入这家公司的向往。更好的方式是，在面试前半场正常回答问题，在后半场找到合适的时机表达赞赏。我们的夸赞可以从以下几个角度表达。

1. 行业

相信通过面试前的充分准备，你应该对该行业趋势已有了初步了解。在面试时，你可以表达对行业发展的信心，以及自己期望在这个行业长期发展的计划。

提前做好功课，面试时通过行业数据补充细节，可以向面试官很好地展示你的学习能力。同时也会表明你有意愿积极学习，适应行业的快速发展。公司也会更倾向招聘对行业有深入了解、有长远深耕计划的求职者。

你可以说：

"我在XX报告中看到，我们行业的XX是……。我对行业的发展很有信心，也很想继续在这个行业发展。"

2. 公司

在面试中，我们夸赞公司的角度有许多，例如，可以从公司的行业地位、企业文化、业务发展及管理层等方面入手。不仅需要表达对公司的赞赏，更重要的是向面试官展示自己与公司的匹配度，以及对加入公司的向往。

"咱们公司在行业一直是领先的，未来发展一定会很好。"这的确是夸赞，但在面试时显然不如转换下角度，从自身出发表述为："咱们公司在行业内一直领先。我觉得加入龙头企业会让我这样的年轻人更好地成长。"

另外，还可以表达自己对企业文化的认同、对公司业务发展的信心、对公司管理层的欣赏等。总之，夸奖要具体，侧重点要放在自己与公司的匹配角度和积极加入公司的意愿上。

3. 岗位

对岗位的夸赞同样应该从岗位与自己的匹配角度出发。例如，可以从岗位的工作内容、上升空间等角度，表达对这个岗位的向往。

在涉及工作内容的话题上，不仅要展示自身有足够胜任工作的技能，还要表达对工作本身的追求与热情。对此既可以阐述对工作内容的理解与思考，展示自身的思考能力，也可以主动询问岗位的上升空间和职业发展机会。一般地讲，公司会更加欣赏积极上进的员工，询问上升空间就是在表达积极、上进的意愿。

4. 面试官

许多人会觉得，当面表达对面试官的夸赞会过于直接，甚至略显尴尬，其实不然。你可以表达对面试官专业度的认可，例如：

"我觉得咱们这边的面试流程特别规范，体验很好。"

"跟您沟通很愉快。"

或者在面试结束后,通过求职网站或微信向面试官表达感谢与认可。这些都可以有效传达你对对方的夸奖。

如果 HR 的面试轮次在部门负责人之后,那么更好的夸赞方式是告诉 HR,部门负责人与你的沟通很愉快,他就是你理想的领导角色。这样的表述会让 HR 立刻感受到你积极加入的意愿和对公司、对团队的认可。

总之,通过对行业、公司、岗位、面试官的夸赞,可以很好地表达自身对本次求职的浓厚兴趣,而这样的夸赞和积极态度也会让面试官对你做出更高的评价。

5 种导致面试失败的可能回答方式

和李雷聊完后,张小白对自己过去经历的几场面试做了复盘。他发现自己有些沟通习惯,可能影响了他的面试结果!例如,HR 问他:"你去年遇到的最大挫折是什么?"生性乐观的张小白很笃定地回答"没有"。之前他并不觉得这样回答有什么不妥,但好朋友李雷的面试经历和建议,让他意识到了问题。

大部分情况下,面试是对一整场沟通的综合评估。但如果你在面试中出现了以下几种情况,那么,可能就会直接导致面试失败。

9.5.1 答非所问

答非所问是面试中的禁忌，会对求职者的表现产生负面影响。面试官提问后，一定期望得到对应的答复，才能针对这个问题做出评估。只有偶尔一两个问题答非所问时，面试官一般会做出提醒。但如果在面试官反复提醒后依然如此，或者频繁地答非所问，会让面试官怀疑你的理解能力和解决问题能力。

当求职者没有理解问题的核心时，提供的答案就会与面试官的考察点有所偏差。这样的情况会导致求职者无法充分展示自己的优势，面试官也无法对其进行准确评估。

面试中答非所问的情形极为常见。部分求职者是因为紧张或者未能提前准备好面试，对面试官所提的问题出现了理解偏差；也有部分求职者是因为过于关注提前准备好的答案，急于表达准备好的内容而忽略了面试官现场的提问。无论是哪种情况，结果都会严重影响面试结果，降低面试的通过率。

所以，大家在面试时要高度集中注意力，保持专注，确保理解面试官所提的问题后再做答复。如果真的不太确定，就可以礼貌询问："请问您是想问……吗？"

9.5.2 回避问题

许多人在面对难以回答的问题时会想要逃避。例如，当面试官问到去年遇到的最大挫折是什么时，很多人会有类似下面这样的回答：

"嗯……去年还可以，工作都挺顺利的，没什么挫折。"

如果是日常沟通，这样的对话并无问题。但如果是在面试中，这个回答显然是会减分的。面试官的每一个问题都有相对应的考察点，当你绕过问题没有正面回答时，就等于绕过了面试官的考察点。如果是较有经验的面试官，这时可能就会通过反问进行略有压迫性的追问了：

"是吗？一年都没遇到任何困难吗？"

如果此时你还继续回避，那么等于在这个问题上交了白卷。除了没有答复面试原本的考察点，还增加了"自大""不理解面试问题"这样的评估结果，面试结果多半也不乐观。

> **Tips**
>
> 无论答案如何，在面试时都应该直面问题，对面试官的提问做出正面、详细的答复。即使问题令人为难或尴尬，坦诚回答至少会展现你的诚恳态度。

9.5.3 过于简短

由于沟通习惯或过于紧张，许多求职者在回答问题时会言简意赅。例如以下对话：

"你这份工作的考核指标是什么？"

"销售额。"

过于精简的回答很可能会给面试官留下较为负面的印象，让他们觉得你对问题不够重视，或者缺乏对答案的思考。而且面试是通过自我表达来展示自身的经验、技能、性格特质的，过于简短的回答显然不利于展示个人优势。

回答面试问题时要尽量提供详细、完整的答案，关于问题的背景信息、详细数据，以及如何对问题进行思考和解决的，都是可以展开叙述的点。从这些角度回答问题，既可以精准回答问题，又能够展示你的工作经历和能力。除此之外，你也可以通过具体的例子来补充细节。例如以下对话：

"你这份工作的考核指标是什么？"

"销售额。我们按月考核，每个月的指标是……，我一般完成率是……。在团队里我的指标完成率一直是前三。"

总之，在回答问题时要尽量提供足够多的信息，至少你的回答要长过面试官的提问。

9.5.4 打断面试官

别人正在说话的时候，打断别人的话很不礼貌，更何况是在这么正式的面试场合。因此，任何时候都不要打断面试官的话。

打断面试官说话的行为可能会被解读为缺乏基本的礼貌，也不够谦逊。

在沟通中打断对方说话，也传达了不重视对方观点的信息。沟通上的不顺畅会被进一步解读为不尊重他人，这样显然不利于团队合作。面

试时的友好氛围是很重要的，轻松愉快的交流会让面试官感到你们的沟通也很顺畅；而频繁被打断则很容易让面试官得出沟通不顺畅的结论。这样的结论当然会影响面试结果。

除此之外，这个行为也会让你错过信息。面试官在发问或表达时会透露许多关于公司与岗位的信息，有时也会对问题进行补充或说明。因急于自我表达而打断面试官说话，很有可能会让你错过一些信息，影响面试回答。

所以，在面试时，一定要尊重面试官，耐心倾听问题和对方的表达。不要着急表达自己，要等面试官结束表达，你再做出回答。

9.5.5 聊生活多过于工作

虽然面试官在面试时会提一些开放性的问题，例如：

"去年你印象最深的事是什么？"

"你最有成就感的事是什么？"

但不要以为问题就真的是完全开放式的，你的回答必须在工作范畴内。

面试时要谨记：面试官对你的个人生活并无兴趣，即使他询问生活方面的相关问题，目的也是了解你与工作相关的情况。

> **Tips**
>
> 我们在回答每一个问题时，都要围绕工作，避免聊太多个人生活。面试时主动提及私人生活，会影响面试官对你专业度的评估。毕竟在面试中，你被期望的是基于工作和专业的沟通，而不是朋友间的闲聊。

对于"去年印象最深、最有成就感的事情是什么"这样的开放式问题,你的案例一定要是工作经历。你可以尝试分享在项目中遇到的挑战、尝试了某个类型的新工作内容、解决了某个疑难问题等,总之,得是在工作中发生的案例。

第 10 章

面试中的履历相关问题

面试的问题基本可以分为三类。

专业技能相关：这一类型的问题与工作经验和岗位技能强相关，一般会在部门负责人面试的环节着重展开。

个人考察相关：这一类型的问题主要围绕软性技能、性格特质展开。部门负责人和 HR 的面试环节均有所涉及，只是考察侧重点各不相同。

履历相关：这一类型的问题基于求职者的履历展开。部门负责人和 HR 的面试环节均有所涉及，相对来说，HR 面试环节会更加侧重履历相关问题的核实与考察。

本章就让我们和张小白一起来了解几个几乎必问的履历相关问题，一一了解并讨论它们的考察点与面试时的万能回答公式。

自我介绍

在面试中,最常见的问题是让做自我介绍。许多求职者都对这个问题感到困惑,毕竟简历就在面试官手中,还有必要再做自我介绍吗?

当然有必要。有一部分面试官的面试准备时间较短,尤其是用人部门的负责人或公司高层,可能上一分钟还在岗位上忙碌,下一分钟就进了面试的会议室。他们需要通过你的自我介绍来快速对你建立起认知,可能也会在你做自我介绍的时间里看一看简历。

10.1.1 自我介绍的考察点

即使面试官提前认真看了你的简历,也会请你先做自我介绍,这是为什么呢?面试官这么做往往有以下几点考量。

1. 核实履历

有些求职者的简历是经过美化的,甚至会有夸大、作假的成分。你口头表述的自我介绍和书面的简历是否相符,是面试官首先需要确认的。毕竟在做自我介绍的时候,你需要直视面试官,无法对照简历。如果你的表述和简历有出入,那么面试官就会对此反复询问、再次核实。

2. 逻辑和表达能力

首先,你的语言表达会反映出你的思维逻辑。通过你的叙述方式、用词、表达重点，面试官可以更好地了解你的思维方式。其次，做自我介绍的时候需要与面试官沟通，这时面试官就会建立起对你沟通能力的初步印象。

需要注意的是，虽然所有的岗位都要求沟通能力、团队合作能力，但不同岗位对沟通能力的定义是不一样的。例如，技术类岗位，口头表达能力差并不意味着沟通能力差，但如果是直接面对客户的销售岗，口头表达能力差就基本等同于沟通能力差。

3. 了解求职动机

求职者在自我介绍的时候，表达的侧重点往往会反映出求职动机。在自我介绍的过程中，频繁提到如何学习成长的人，在求职时往往更为看重培训机会和个人成长；每次离职原因都表明薪资待遇不高的人，再次求职一定会重点考虑薪酬因素。求职者在做出这样的表述时并不一定是刻意为之，只是在叙述时能从侧面反映出他们的一些真实想法。有经验的面试官往往会在这时做下标记，稍微再通过离职原因、未来的职业规划等问题，综合评估求职者的求职动机及未来的稳定性。

4. 为后续提问做准备

从面试官的角度来看，你在自我介绍时陈述的内容和没有提到的内容同样重要。你的自我介绍是面试官接下来提问的基础。

如果你在自我介绍时说了许多个人信息，却基本不提上份工作的具体内容，那么面试官接下来可能就会着重询问你的工作细节。又或者你提到了一些关键数据，而这些数据刚好是求职岗位所需要的，那么面试官也会立刻追问这些关键数据如何达到、如何评估。再或者是你在自我介绍时提到了和工作全无关系的性格、爱好，面试官可能也会追问："你觉得这个特质对你过去的工作是有帮助还是有阻碍？"

10.1.2 自我介绍的万能回答公式

不同的面试官在要求你做自我介绍时，想要考察的点也不尽相同。但自我介绍很重要，作为几乎必有的环节，我们可以根据下面这个万能公式提前准备：

问候 + 自我定位 + 简单履历 + 其他

（1）问候。为了表示礼貌，你的自我介绍最好能以简单的问候作为开场语。面试之前提前了解面试官的姓名，可以根据公司性质和面试官的职位，称呼为"张总""张经理""张老师"等。如果是外企，称呼英语名也是不错的选择。如果不清楚面试官的姓名，直接说"面试官您好"也算是不错的礼貌问候。

（2）自我定位。自我定位是这个公式里最重要的部分。在面试前做准备时，我们就已经对照公司介绍、职位说明，寻找到了相关的契合点。此时就把自己和岗位相契合的地方提炼出来，并在自我介绍时用一句话表达出来。

例如，你有十几年的人力资源经验，在猎头公司工作过，也做到过人力资源总监。在做自我介绍时，针对不同的岗位就需要提炼出不同的契合点。

如果是面试 HR 总监的岗位，自我介绍的第一句话可以是：

"面试官好，我是××，是一个有 12 年人力资源经验的 HR 总监。"

其中,"12年人力资源经验的HR总监"就是自己的定位,它表明了你具有多年同岗位工作经验。

如果面试猎头公司的合伙人岗位,那么自我介绍的第一句话可以是:"面试官好,我是××,之前有12年的招聘经验,深耕互联网行业。"在过往的经历里,虽然更多的是人力资源的全模块管理,但其他模块的经验对求职猎头公司显然没有帮助,这时需要突出的是招聘能力、对行业的了解和具有潜在客户资源。因此,提炼出的契合点可以是"招聘经验+深耕某一个行业"。

如果曾做过关于企业管理的工作,现在想转行,不再做人力资源领域的工作,那么也可以考虑总经理助理的岗位。这时自我介绍的第一句话可以是:"面试官好,我是××,之前有12年的企业管理和人力资源经验,是上海交通大学的MBA。"人力资源领域的经验对于总经理助理这样的岗位来说,显然太单一了。但我们可以将"企业管理"承担的工作内容提炼出来,并且在陈述时把它放在"人力资源"之前。同时提及自己的教育背景,用专业知识和潜在人脉来弥补自己在工作经验上的缺乏。

如果是没有任何工作经验的应届生,同样可以根据这个思路来整理自我介绍的第一句话。即使不提工作经验,也可以用专业、兴趣、个人特质等作为自我定位的话语。如果实在找不出,你甚至可以把对求职方向的兴趣作为自我定位——至少它向面试官表明了你积极加入的意愿。举例如下。

"我是张小白,我是美术生,非常擅长PS。"

"我是张小白,我是一个吃苦耐劳的人。"

"我是张小白,我特别想加入医药行业。"

（3）简单履历。在叙述完高度提炼的与职位契合的这句自我定位后，我们可以用自己的过往经历作为佐证，再次用事实和数据向面试官说明。尤其是有相关工作经验的、有关键业绩结果和数据的，一定要在自我介绍时主动提及。重点不在于夸自己，而在于用客观的数据和案例向面试官展现自己和岗位的契合度。

已经有过几段工作经历的求职者，也需要简短说明自己过往的入职、离职经历。需要注意的是，在叙述时要有所侧重。原则上是详细叙述与目前职位较为契合的经历，而对于距离现在时间越远的工作越要简略叙述。

（4）其他。除了前面介绍的几点，也可以补充一些其他内容，来为自我介绍增色添彩，比如个人特质部分。在个人特质部分，可以有一些个人特色，比如，你过往的闪光点、对岗位的思考、对过往经验的总结、对未来的期望，这些都是可以加入的内容。只是在选择的时候依然需要注意，选择能证明你和职位匹配的个人特质。

最后，还需要注意时长，一般一至两分钟的自我介绍较为合适。若时间太短，则无法叙述清楚个人履历，也很容易让面试官感觉你对面试准备得并不充分。若时间太长，则容易引起面试官的听觉疲劳，效果适得其反。

学历是弱项怎么办

"你不是985也不是211，我们为什么要招你呢？"

"你只是个大专生,我为什么要招你?"

在面试时,许多学历较为普通的应届生都会被问到这个问题。张小白最近的面试也被问到了好几次。有时面试官还算礼貌,有时面试官甚至会面露不屑。张小白不知道该如何回答,心想,"对啊,我不是985也不是211,为什么要招我呢?"

面对这种打压式的提问,要如何回答呢?

在被问到这个问题时,有两种较为典型的错误回答。一种是像张小白一样立刻接受了这个逻辑,慌乱到无话可说。另一种是因为感到被冒犯,于是当场质问面试官:"那你还喊我来面试干吗呢?""学历对我这个岗位很重要吗?"这两种回答方式,都会让你的面试立刻走进死胡同。

10.2.1 质疑学历的考察点

> **Tips**
>
> 面试官进行面试,是有时间成本的。不管是什么学历,在面试邀请发出前,面试官就知道了。如果学历是硬性筛选标准,那他就不会花费面试时间来与你沟通了。

所以不要慌,更不用觉得被冒犯。面试官问你这个问题,首先是想考察你是不是有清晰的自我认知。

对于还是职场新人的应届生来说,清晰的自我认知是非常重要的。你要明白自己的优势和劣势在哪儿,在未来在岗位上才能更好地成长。既然面试官问出这个问题,那么相较于团队里的其他成员或者面试的候选人,你的学历的确是有劣势的。但又邀请你来面试,就说明你的简历整体是合格的，你一定是有其他方面的优势打动了面试官。

其实，面试官想知道，你有没有意识到自己学历上的劣势。更进一步讲，就是你在学历背景上有劣势，那你知道自己的优势在哪儿吗？你未来要如何发挥自己的优势呢？

除了自我认知，对负面信息的反馈也是很重要的考察点。当面指出学历不足，再配合面试官不太友好的脸色，有时会立刻引起求职者较为负面的情绪反馈。不管是瞬间慌乱还是因为感到被冒犯而失态，都不是成熟的职场反应。毕竟在工作中，并不是只有夸赞。学历是客观事实，如果仅仅因为别人陈述事实就情绪失控，那么面试一定是会减分的。

招聘时面试官考虑的并不是单独的一个岗位，还需要考虑整个团队。你的团队合作能力、与别人沟通的状态，都是会考虑的因素。应届生可能会被质疑学历背景，有工作经验的人可能被质疑其他的明显劣势。这个问题的答案可能并不重要，重要的是你对负面信息的即时沟通反馈。所以在回答这个问题时，比回答公式更重要的，是调整心态和情绪。

10.2.2 被质疑学历时如何应对

通过上文对考察点的解释，相信你已经可以较为平和地面对这个看起来不太礼貌，甚至有点 PUA 的面试问题了。事实上，这个问题不过是无数面试评估问题中的一个，本质上和"你的优点是什么"并无区别，它们都是在考察你是否与岗位适配。明白了这一点，我们才能调整好心态，用稳定的情绪去回答问题。

带着稳定的情绪再来看这个问题，它并不是在质疑你，相反，它是在给你机会夸自己。我们可以使用下面这个回答公式：

承认劣势＋陈述优势（论点＋论据）＋总结，表明积极意愿

先用一句话快速表达对面试官陈述事实的认可，承认学历上的这一劣势。之后，将回答重心放在自己的优势上。准备面试时提前想好的与岗位相契合的点、准备好的案例，这时都可以主动陈述。叙述优势时，在每个优势之后都加上客观的证明，会让你的个人优势听起来更加有说服力。陈述完优势之后，可以再用一两句话总结自己是最合适的，并表达积极的求职意愿。

> **Tips**
>
> 质疑学历并不是打压，相反，它是在给你机会夸自己。因此在回答时，你的重心也需要放在阐述优势上。

如果求职者是非名校毕业的大学生，在面试时可以这么回答：

"的确，我的大学比较普通。

但我看咱们公司招的是客户经理，我觉得这个岗位最重要的是了解产品、积极和客户沟通。（优势论点一）我的专业是机械制造与自动化，相对别的专业来说，我可以更好地理解咱们的产品。（优势论点二）我本身就很喜欢和人打交道，大学时我就是学院的学生会外联主席，帮我们学院的迎新晚会成功拉到了两千元赞助。（优势论点三）而且我在大学时也有勤工俭学的经历，尝试过自己代理行李箱卖给同学们。这个经历也让我提前有了一些销售经验。

虽然学历方面我可能不是最优秀的，但我相信我是最适合这份工作的人。未来我也一定会让我们的客户感受到公司的价值。"

承认劣势，我们只用了非常简短的一句话，而之后的全部重心都在

表明自己的优势和与岗位的契合度上。这个问题其实是在给你机会自我夸奖、自我推销。按照"论点+论据"的结构，可以将自己与岗位的契合度最大化地传达给面试官，最后以自信的态度，加一句万能总结句式："虽然学历方面我可能不是最优秀的，但我相信我是最适合这份工作的人。"这句话表达了对加入公司的积极意愿，相信这个回答一定能够为你的面试加分。

10.3

离职原因怎么回答

张小白发现，几乎每一位面试官都会问他："你上份工作为什么离职？""你为什么想要换工作？"甚至同一家公司的每轮面试，不同的面试官都要再问一遍。从 HR 到部门负责人，好像都特别在意离职原因。他们到底是在意什么？想通过这个问题得到什么答案呢？

10.3.1 问离职原因的考察点

面试官问到离职原因，首先要考察的就是你求职的内在动机。因为离职原因大概率是和你的内在动机强相关的。例如，一位因为薪资待遇较低而离职的候选人，赚钱一定是重要的内在动机；一位因为团队氛围不好而离职的候选人，必然格外在意企业文化。求职的内在动机不仅会影响一个人未来的职业发展，也与未来工作结果息息相关。

确定了求职者的内在动机之后，面试官会结合当下面试的岗位，进一步判断求职者未来的稳定性。一位因为"个人发展受限"而离职的求职者，在下一份工作中很可能会想有更多的发展空间、升职空间、更多的主导权。如果目前招聘的岗位只是个基础岗位，上升通道有限，那么这位因为个人发展受限而离职的求职者，加入后有较大可能性会因为同样原因而再次离职，这样显然对部门工作的开展不利。所以即使这位求职者很优秀，也并不会录用。

求职的内在动机也会影响公司未来的绩效激励。依然以"个人发展受限"这个答案为例，面试官往往会基于这个答案追问，求职者在上一份工作中具体哪方面发展受限、有什么具体案例，也会明确提问求职者在下一份工作中期望得到什么样的发展。如果后续求职者被录用，那么他此刻的回答就为未来的激励提供了依据。

面试时问离职原因除了考察求职动机，也考察求职者的履历真实度和个人诚信。离职原因不是独立的问题，它是一系列履历核实问题中的一个，与它共同考察核实的问题还有：你下一份工作的理想状态是什么样的？你未来的职业发展计划是什么？你在生活中喜欢做什么？等等。这一系列问题的答案，都会对离职原因做出佐证。

> **Tips**
>
> 人的行为和选择都有一贯性。如果一位求职者的离职原因是"工资太低"，但对理想工作的描述却完全不提钱，甚至还有一些"烧钱"的爱好，那么他大概率是在离职原因上撒了谎。

当被问到离职原因时，许多求职者为了避免麻烦，会选择阐述一些大众化的原因，如"工资低""离家太远"等。但如果它并不是真实原因，甚至与你的内在动机相违背，那么很有可能会在面试时被理解为你在撒谎。而撒谎，则会直接导致面试失败。

10.3.2 关于离职原因的回答禁忌

当面试官问你离职原因的时候，不管是想了解你求职的内在动机还是核实你的履历，都是较为重要的考察点。所以关于这一问题，求职者一定要提前准备，尤其是有多段工作经历的。关于每段工作的离职原因，都可以尝试自己先回答一遍。这样在面试过程中，就不会因为临时组织语言而影响表达。

回答离职原因时，并不需要太注意结构，回答出事实就可以，但有几种要尽量避免。这些情况会让你在面试中大幅减分，甚至直接导致面试被拒。

禁忌一：态度不耐烦。

许多求职者因为在不同公司、不同轮次的面试中被频繁问及离职原因，对这个问题的反感度较高。当听到这个问题时，会流露出十分明显的不耐烦表情。在面试中直接表露负面情绪，对面试十分不利。

也许你的确被问过很多次离职原因了，但当下的这位面试官是第一次和你沟通，这个答案对他来说是有意义的。他问你这个问题并不是在刁难你，只是在进行正常的面试考察。意识到这一点可以帮助你在面试时更好地进行情绪管理。毕竟对于在面试时就情绪管理失控的求职者，面试官也很难相信你在未来的工作中可以保持良好沟通。

禁忌二：惜字如金。

之所以会这样，有些求职者是因为紧张，也有些求职者是因为觉得这个问题没有太多回答的必要。所以在离职原因的回答上，经常会出现回答过于简略的情况。当求职者回答过于简略时，会传达出拒绝透露详细信息的不礼貌感，不利于面试的良好沟通。最好能够用一两句话解释具体的离职原因，而不是简单说三个字"钱太少"。也许你的确是因为薪酬过低而离职，但更好的回答是：

"因为在公司待了五年，内部都没怎么涨薪，我就选择了离职。"

"工资太低了，上家公司给我开的薪水是每个月一万元，我知道市场上我这样的岗位基本给到一万三千元了。"

禁忌三：说前公司坏话。

有些人在回答离职原因时会发散开来，带上一些情绪化的表达。依然以薪酬过低的离职原因为例，表述公司内部没有涨薪的事实时，可能就会带出"老板过于小气""别人加薪我没有，考评不公平"等表达。

> **Tips**
>
> 在说明离职原因时最好不要攻击前公司。离职往往都是伴随负面情绪的，如果用情绪化表达，在面试时就很容易在提及前公司时带有不满的情绪。这会使目前正在面试的公司担心，如果录用你，你未来跳槽时也会这么攻击当前公司。

禁忌四：撒谎。

在离职原因上撒谎而没有通过面试，这方面的案例也很多。面试官问离职原因这个问题只是在确认求职动机和核实履历，它并不是像工作经验、专业技能这样是硬性的筛选问题。求职动机是你真实的需求，即使因为隐藏它而得到了新的工作，你也很快会因此再次离职的。试图隐瞒求职动机而被发现撒谎，导致失去了原本可能得到的工作机会，是较为可惜的。

关于职业空窗期如何回答

由于请假面试太过麻烦，再加上自己也想休息一段时间，因此张小白在收到 Offer 之前就提交了辞职申请。刚离职的一段时间非常快乐，但随着求职时间越来越长，张小白感觉到了压力。离职 2 个月后，面试时 HR 就开始问他："你离职的这段时间在做什么？""为什么会两三个月都没有工作？"

部分职场人因为种种原因，在两份工作之间会有较长时间待业。一般超过 3 个月就会被称为"职业空窗期"，有些公司会使用英文"Gap"来概括这样的职场空窗期。

许多工作经历有 Gap 的求职者，在面试时都会被询问或质疑为什么这么长时间没有工作。

10.4.1 关于职业空窗期的心态与错误回答

许多处于空窗期的求职者，在被问到这个问题时都有点慌，感觉面试可能没戏了。其实不然。要知道，职业上的断档通过简历就能看到。如果用人单位觉得你的履历不合适，或者有比你合适得多的求职者，那么这个面试就不会安排，也不会在这个当下问你为什么有 Gap 了。所以，一定不要觉得面试官是在否定你。

绝大部分面试官在询问这个问题时，只是为了核实履历。毕竟简历上写明了有一段时间的职业空档，HR 有责任核实这段时间求职者在做什么。这个问题本身并无预设，更多时候不是职业空窗期有问题，而是回答时的态度与内容会引起负面评估。

职业空窗期的问题虽然被频繁问到，但它并不像大家以为的那么"可怕"。不管面试官的态度、语气如何，当他们问你这个问题时，都是站在这个岗位的角度来考虑你。不用默认自己几个月没有工作就是犯了错，因为当你带着犯错的态度回答时，你的自我评价就会降低，你在面试中展现出来的态度就会不自信、没有底气。而面试正需要通过你的语言和表达说服对方，让他们相信你能胜任工作。不自信的面试态度与得到工作是背道而驰的。

> **Tips**
>
> 回答关于职场空窗期的问题时，我们最需要的是理直气壮的态度。由于某些原因，我们选择了职业空窗期，或者不得不空窗一段时间。这并不代表我们工作能力有问题，或者我们自身有问题，所以不必觉得自己犯了错。

在关于职业空窗期的原因，网络上有一些十分错误的回答指导。较为典型的回答是"我在这一年去创业了"或"我去进修了"。乍一听很正面、很积极，但如果你不是真的去创业或进修了某项课程，这个回答会直接导致你的面试进入死胡同。

因为这种类型的回答，是一定会引起面试官的追问的，比如：

"创业具体是做什么项目呢？"

"产品是什么？"

"盈亏状况怎么样？"

"是因为什么原因决定不创业了呢？"

"进修的是什么课程？"

"为什么选择放弃工作，进修这个课程？"

"你从这个课程中学到了什么？"

面试官只需要稍微展开提问，这个回答就会在当场卡壳，面试也很可能因为这个问题而失败。

10.4.2 关于职业空窗期的万能回答公式

对于职业空窗期的原因，只要不是太过负面，建议大家如实回答。只是我们在回答时要注意表达的结构。一般这个问题的提出方式，要么是询问经历，要么是询问原因。典型的两种提问句式是：

"你休息的这一年在做什么？"

"你这两份工作为什么中间有 5 个月的断档？"

前者是问空窗期间的经历，后者是询问长期离职状态的原因。不管面试官从哪个角度提问，你的回答都可以按照下面这个公式来组织语言：

事实经历＋原因＋思考／收获

先说事实经历,即用一句话简单交代空窗期在做什么。即使你跳过这段事实经历只谈原因,面试官出于核实履历的目的也会追问的,倒不如自己简单地陈述事实经历。关于职业空窗期的原因,也是可以用一到两句话解释的。

这个回答结构的重心在于你的思考和收获。这里以两种较为常见却让许多求职者难以回答的情况作为案例。

案例一:空窗三个月什么也没做,只是在家摆烂。现在求职是因为存款快花完了,不得不工作。

"这几个月我主要是在家休息。因为上一份工作节奏非常紧张,平时都是'996'。辞职后感觉挺累的,就想休息一段时间,调整好自己的状态。也是经过这段时间的思考,我觉得……很适合作为我未来的发展方向,因为……(行业/公司/岗位)。"

案例二:半年来一直在求职,但没有拿到过 Offer,被迫空窗。

"我这半年一直在找工作,但没有遇到合适的工作机会。有行业的因素,但主要也是我自己开始的时候没有经验,简历和面试都没准备好。经过这段时间的调整,我也在提升自己,思考未来的方向。咱们公司的这个岗位很符合我对下份工作的期望,因为……(行业/公司/岗位)。"

面试官在询问职场空窗期时,重要的考察点就是核实履历。事实是你的工作经历上的确有断档,这段经历是需要说明的。但更重要的是,要把回答的重心放在思考和收获上。面试前对行业、公司、岗位的了解,在这里都可以结合自己的思考进行回答。结合自身事实,积极表达自己对加入这个行业、加入这家公司、从事这个岗位的期望。

经历上的断档并不一定会引起负面评价,尤其是当你有思考、有收获时,就说明你是一个懂得自省的人,哪家公司不想招聘懂得自省、能够自我成长的人呢?诚恳地阐述事实,再加上有深度的思考,这个问题的答案反而会让你的面试加分不少。

面试时的职业规划是什么

除了被细致地询问过去的工作内容、工作结果,张小白也时常被问到职业规划。张小白的跳槽动机非常简单——想增加一些收入,赚更多的钱。关于未来的职业方向也都是围绕着"增加收入"这一项展开的。"想赚钱"可以作为职业规划来回答吗?再说,工作跟着公司的节奏走,聊职业规划有意义吗?如果没有职业规划,是否无法通过面试?需要为了通过面试编造答案吗?

10.5.1 问职业规划的考察点

对于处于快速增长阶段的公司来说,求职者的职业规划是非常重要的筛选点。和其他核实履历类的问题不同,职业规划的答案真的会一锤定音,直接关系到要不要发出 Offer。因为公司处于扩张阶段时,业务和人员都会快速发展,这个过程中,员工需要能够快速成长、适应变化,并且在未来能承担更多职责。相反,如果公司业务较为成熟,人员基本稳定,那么公司会更倾向于招聘稳定的员工。因为人员稳定了,业务才不会因为员工的离职而受到影响。

基于这一点再来看职业规划的问题,就会发现它是公司筛选人才的关键问题。

如果你有职业规划,那么就等于明确告诉公司,你在未来一段时期,可能是一年,可能是十年,想做什么样的工作、成为什么样的角色、达到什么样的目标。

如果你卡壳了,没有答案,那么它也是一种回答。你的卡壳告诉公司,你从来没有思考过职业规划这件事,那么储备干部、潜在的核心员工这样的岗位,也就对你关上了大门。

如果撒谎编造答案,那你就会触及这个问题的另一个考察点了——履历的真实度。对于"职业规划是什么"这种看起来有点虚的问题,有些人会认为答案是无据可寻的,毕竟它不像回答工作内容、工作完成结果那样有事实依据。于是就有人在面试中选择编个好听的答案,以为可以加分。其实不然,职业规划这个问题,和过往工作经历、离职原因,甚至是与求职者在表达时选择的用词、叙述的语气都是有内在联系的。你的职业规划一定会印证你在过去每份工作中的选择,会印证你描述的工作内容。

在面试中编造答案,是很危险的行为。作为独立的问题,关于职业规划的回答的确可以说得十分动听。你可以把自己描述成非常有上进心、非常有计划的人。然而一旦面试官对照你的简历,就会发现你过往的经历与你的职业规划路径并无关系,当下你也没有任何已经落地的行动去支持这么优秀的职业规划。这时候，面试官基本就会判定为大概率你在撒谎，又或者你是一个空有计划却无行动力的人。无论是哪一种，都会直接导致面试失败。

10.5.2 关于职业规划的万能回答公式

前面我们详细地讨论了职业规划应该如何做，长期、短期的目标如何设置。如果你已经有明确的职业规划，那么按自己的方式把它表达出来即可。如果还没来得及系统地进行职业规划，目前只有模糊的想法，又或者面试近在眼前，那么可以从行业、公司、工作内容、上升路径四个角度进行组合来组织答案。

行业事实 + 我的期望 / 计划；

公司事实 + 我的期望 / 计划；

工作内容 + 我的期望 / 计划；

上升路径 + 我的期望 / 计划。

在回答事实的前提下，从上述四个角度寻找自己与公司的契合点。

这几个角度的答案可以在回答时全部使用，也可以根据实际情况选取两至三个。例如：

"我想要在快速发展的行业工作，而互联网的节奏一直很快。咱们公司在短视频领域一直是行业领先的，对我很有吸引力。我自己计划未来两年的时间还是将精力聚焦在内容上，刚好这个岗位可以给我更多的创作空间。而且我看这个岗位也会和投流的同事紧密合作，这块刚好也是我想接触的。我自己的职业计划也是想从长期来看，做一个既有内容创作能力又懂运营的人。"

这个答案从方方面面表明了自己与岗位的契合度，理由合理，态度积极，规划可信。即使你原本没有职业规划，按照这个结构梳理各个角度的匹配点之后，也能够在面试时给出一个让面试官满意的答案。

但从长期职业发展的角度看，建议根据表 1-1 来一步一步梳理自己的职业规划。让职业规划成为你职业发展的真正助力，而不仅仅是面试时交给面试官的暂时性答案。

第 11 章
如何巧妙回答个人考察问题

　　经过关于过往经历的层层提问后，张小白长舒了一口气。但紧接着，面试官又问了他许多看起来好像和工作本身全无关系的问题。

　　张小白有点不理解，为什么每家公司都会问他有什么优缺点，对某件事情怎么看。面试不是关于岗位匹配度的考察吗？每个人都有优缺点，问个人优缺点都是在考察什么呢？

11.1 求职动机

"你为什么想加入我们公司?"

"为什么选择我们公司?"

这类问题让张小白最为费解:我来面试,是因为我需要一份工作,这还需要解释吗?面试官的这个问题,是不是问得有点多余?

其实,"因为我现在需要一份工作"并不是面试官想听到的答案。

11.1.1 "为什么选择我们公司"的考察点

面试官问求职者为什么加入本公司是很正常的,对于这个问题,几乎每家公司都在问,是因为他们有同样的考察目的:考察你的求职动机。他们会根据你的回答做出判断。甚至在某些时候,这个问题会让你准备的面试功亏一篑。

对于一个人寻求工作的原因,或者做出工作选择时最在意哪些因素,这些都会通过求职动机反映出来。了解面试者的求职动机后,用人公司才能判断他是否合适、未来是否稳定、如何做出激励等。

在岗位的匹配度上,用人公司是非常看重求职动机的。例如,在游戏行业,几乎所有岗位的招聘都会要求"喜欢打游戏"。如果你在游戏公司面试的环节里对"为什么选择我们公司"的回答是:"因为我特别喜欢打游戏。我从小就玩咱们公司的XX游戏,玩了快十年。我就想自己也参与进来。"面试官大概率会感到满意。因为你不但展示了对行业的热爱，也表明了对公司产品的认可。对于某些行业来说，从不玩游戏可以算是优点的个人特质，但在游戏行业的面试中却会导致面试失败。

还有人求职是为了很简单的原因，并且在面试中直接回答："我就是特别想赚钱。咱们公司这个岗位的薪水比较高。"

动机本身并没有好坏之分，想要赚钱的求职原因在你面试销售岗位时会为你显著加分，但在面试风险控制类岗位时却不是好的回答。

> **Tips**
>
> 在回答"为什么选择我们公司"这个问题时，不仅要表达真实的求职动机，也要考虑它和所面对的公司、岗位的适配度。

公司了解求职动机后，也会据此进一步推断求职者未来的稳定性。如果新员工入职一个月，就因为求职动机未能得到满足而辞职了，那么不管是对于用人部门的工作重复交接，还是对于 HR 重新启动招聘流程，都会造成麻烦。因此，为了避免这一情况的发生，公司会在面试环节就先确保求职者的职业发展、工作回报、个人成长方面的需求。

还有一些思虑更为长远的部门经理和 HR，会在面试时就考虑到求职者能否被激励、能否与团队匹配。在问完"为什么选择我们公司"之后，他们往往会追问几个衍生问题，然后通过衍生问题，来反复核实求职者是否可以被现有工作内容和制度激励。例如：

面试官："你为什么会选择我们公司？"

张小白："因为我对你们公司的产品很感兴趣。"

面试官："你具体感兴趣的点是什么？""如果我们要你做新的产品线，你还会感兴趣吗？"

除了求职动机，面试官会追问一些问题，继续核实你的履历。

例如，你的离职原因是"个人发展受限"，但求职岗位和之前的岗位是完全一样的工作内容，而你回答的选择原因却是"因为这份工作符合我对未来的职业规划"。看似完全合理，但前后对比就会发现它们自相矛盾。唯一的解释是——你在撒谎。

一旦出现逻辑上的疑似矛盾点，面试官就会进行更多的细节性提问和交叉询问。当面试官获取足够的信息确定你的确是在撒谎时，面试也就结束了。所以，在回答这类问题时不要存在矛盾点。

11.1.2 关于求职动机的回答公式

关于求职动机的问题，其实很容易回答。如果回答到位，还能为面试显著加分。关于这个问题我们可以提前从行业、公司、岗位三个角度，结合自己的实际情况与未来规划准备答案。在回答时并不一定要面面俱到，一般是采用"行业＋公司"或"公司＋岗位"的结构。回答可以参考以下公式：

公司＋个人与公司契合点＋行业／岗位＋个人与行业／岗位契合点

因为询问的是为什么选择这家公司，所以回答时一定要有公司角度，再加上行业或岗位作为辅助说明。寻找契合点时，可以从"过去"和"未来"两个方向挖掘。首先回忆下自己过往经验里，有哪些能够表明选择该家公司的动机；其次思考未来的职业规划里，有没有与这份工作息息相关的。需要注意的是，契合点需要符合你真实的内在动机。以下面这两个回答结构为例：

"咱们公司在家居类目里，电商体量是最大的。我觉得电商行业发展快，节奏也快，很符合我对未来发展的期望，所以就想加入咱们公司。"

"咱们公司在家居类目里，电商体量是最大的。我是学汉语言文学的，文字表达能力不错，未来我也想从事和文案相关的工作，所以我就特别想加入公司，成为公司的电商文案。"

这两个回答分别从行业和个人发展的角度，辅助说明了为什么选择这家公司。这样的求职动机就很有说服力。在清晰地表达了动机的同时，也表明了自己提前做了功课，了解公司所在行业与背景。

在没有意识到考察点之前可能有下面这样的回答：

"因为你们邀请我来面试。我最近刚好在找工作，觉得你们公司还不错，就来了。"

经过对比可以发现，显然根据回答公式整理思路后的答案更能让面试官满意。

缺点考察

"你的缺点是什么？"

第一次听见这个问题的时候，张小白愣住了。缺点的确是有的，但如果在面试时直接答出自己的缺点，那面试还能成功吗？要如何回答，

才能不自曝短处呢？

随着面试经历的增加，张小白发现许多面试官都会问这个问题。虽然他努力找出了一些看起来无关痛痒的缺点来回答，但总觉得对这个问题的答案不太满意。

11.2.1 问缺点的考察点

面试官问你缺点，显然目的不是要为难你，他们有自己的考察目的——考察你与岗位的契合度。这也是任何一场面试的最终目的——评估你适不适合这个岗位。通过了解缺点，进一步了解这些缺点会不会影响工作。根据不同缺点的实际情况，回答一般有以下几种可能。

1. 求职者的缺点是真实的，并且与职位相悖

有些缺点会严重影响工作。例如，作为HR但沟通能力欠缺，作为设计师但审美较差，从事咨询行业却无法接受出差，等等，这些都是与工作内容的基本要求相悖的。当求职者在面试中做出这一类型的回答时，面试官往往不会追问衍生问题，而是会尽快结束面试。因为这一缺点会阻碍工作，导致求职者无法胜任岗位工作。

2. 求职者的缺点是真实的，并且影响工作

相当一部分缺点，对工作结果的产出是有影响的。例如，有些人会在面试时回答"我不够细心"，或者"我有点懒"。这样的回答虽然非常真实、可信，但面试官在听到这一类型的回答时通常会追问。如果回答因为懒，那么面试官可能会问：

"之前有因为懒而影响工作结果吗?"

如果求职者这时意识到面试官是在质疑自己,想要挽救一下而回答"没有",并且举例说明自己虽然懒但从不影响工作。继续而来的衍生问题可能就是:

"既然没有影响工作,那你为什么会觉得它是个缺点呢?"

如果求职者对上一个问题的回答是"有",那么衍生问题就会变成让你举例,具体在工作中因为懒犯了什么过错。

3. 求职者的缺点是真实的,但与工作全无关系

有些人会选择回答与工作内容完全不相关的缺点,例如,"我的运动能力很差""我唱歌跑调"。乍一看的确是既回答了缺点,也没有影响求职。但真实情况是,这样的回答面试官一定不会满意。

面试官的提问是基于面试沟通,是要考察你与工作的契合度。所以这时他们往往会补充限制条件:"我是问与工作有关的缺点。"

4. 求职者回答的缺点不真实

部分求职者在回答相关缺点这个问题时会偷换概念,把优点用负面的词汇表达出来。例如,回答"我过于完美主义"或"我总是想把工作做到最好"。这种回答只能忽悠经验少的面试官,有经验的面试官面对这样的虚假缺点,可能会直接追问:

"这不是缺点,这是优点。你没听清我的问题。"

"是吗?既然你这么完美主义,简历这儿怎么还有个错别字呢?"

"你觉得这是缺点啊?那你觉得它给你的工作带来了什么糟糕结果?"

每一种追问方式,都会立刻让面试气氛紧张起来。

除了直接考察缺点对工作内容的影响,这个问题也会帮助面试官了解你的自省能力。许多面试官询问缺点后都会衍生出很多问题,例如:

"你是怎么意识到自己有这个缺点的?"

"你是怎么改正的呢?"

"你有什么改正它的计划?"

这类衍生问题通常都是围绕着你的自省能力展开的。其实,面试官想要了解,你是如何意识到这个缺点的、如何思考与改正的。

还有部分面试官,问缺点只是表面,他们真正想考察的是求职者的抗压能力。当人在面对、表达自己的缺点时,往往会感受到压力。此时面试官会用带有压迫感的连续追问,让求职者感受到更大的压力:

"这些缺点给你的工作带来了什么负面结果?"

"你之前的领导没批评过你这些缺点吗?"

"既然知道自己的缺点,怎么不改正呢?"

面对严肃的面试官,求职者在回答这些问题时,往往会高度紧张、感受到较大压力。然而通过求职者的回答,面试官也可以了解求职者在接受负面信息和压力时的真实反馈情况。

11.2.2 关于缺点的回答公式

在面试时,回答自身缺点往往会踩到其他坑,那么,怎么回答好呢?只要了解了对缺点的考察点,可按如下公式回答:

真实缺点＋缺点对过去工作的影响＋自省/改正

这个公式最关键的一点在于缺点的选择，对此有以下几点需要注意。

第一，一定要选择你思考过、自省过、改进过的缺点。有些面试技巧会告诉你，可以选择对工作影响极小的缺点，例如，应聘带有服务性质的岗位时回答"我不擅长拒绝别人"。这个回答虽然合理，但它只能起到应付问题的效果，无法为面试结果加分。

第二，要避免与职位完全相悖的缺点。

如果你发现自己有与职位要求完全相悖的缺点，那么可以认真考虑转行。毕竟完全调转个人某项性格特质极为困难，即使不转行，也要避免在面试时把它作为答案。

明确这两点后，我们要从简历中能看出明显劣势和已经改正且有结果这两个角度来发掘答案。

一个角度是指出明显劣势。有些人的履历对求职某个具体岗位是有明显劣势的，例如，有些人想进入大厂做程序员，但学历较低；有些人想做管理岗位，但之前并未带过团队。这种明显的劣势，即使你不主动提，面试官也是能从简历里看出来的。倒不如主动作为缺点表达出来，还能够说明我们对自身的劣势有着清醒认知。

另一个角度就是指出已经改正的缺点。例如，你的 PPT 制作能力较差，工作中也的确需要这项技能。你在意识到这个缺点后，已经通过线上课程学习；或者你之前不够细心，但为了改正这个缺点，你已经在工作中设置了每日的检查节点，并且有效降低了出错率等。

选定缺点范围后，按照以下步骤，围绕自己的缺点进行思考。

（1）过往的工作中有哪个缺点是真实影响了你的工作的？

（2）它对你之前的工作造成了什么样的负面影响？

（3）你是怎么意识到它的？

（4）意识到后你做了哪些行为去改正它？

（5）改正后有哪些结果数据能够说明你的改正有效？

经过一系列的思考，再根据前面提到的公式即可整理出答案。回答时用一句话解释缺点对过去工作的影响，用两至三句话强调自己的自省与改正。以上文提到的缺乏管理经验和 PPT 技能较差为例：

"我之前没带过团队，在团队管理方面，经验是相对欠缺的。但我自己的职业目标一直都是做管理岗，所以之前在做项目管理的时候也会特别注意跟项目成员的沟通、对时间节点的把控。带实习生的时候也尽量要求自己很好地去给他们设定目标和做激励，也算是为自己欠缺的地方先做准备吧。"

"我 PPT 做挺丑的。之前的工作中有时候需要发 PPT 给客户，还要麻烦同事帮我修改。所以我在辞职后有空了，就在网上报了个 PPT 制作的班，已经上了 8 节课，也持续在跟着课程内容进行练习。希望能在下份工作入职前，让自己做 PPT 的技能上一个台阶。"

不用担心面试官因为你解释这么多而打断你。面试官想要了解的是岗位契合度，你这么回答既真实，也能展现自己的思考和执行力，与岗位契合度的差距也缩小了。他们不但不会打断你，还会认为你是个合适的候选人。

优点考察

和问缺点类似,张小白发现,许多面试官也会在面试中询问优点。既然询问缺点有独特的考察点,那么问优点应该也有吧?这个看起来像是让他自我夸奖的问题背后会有陷阱吗?

11.3.1 问优点的考察点

当被问到个人优点是什么时,可能每个求职者都意识到了:这是夸自己的机会!于是,有些求职者就迫不及待地把提前准备好的个人优势一一罗列。殊不知,优点罗列的越多,面试官的脸色可能会变得越难看,因为他们对这样的回答并不那么满意。

那么,这个问题到底在考察什么呢?

首先,你没有理解错,这的确是面试官在给你机会,让你告诉他,你的优点是什么。但更为重要的是,你的优点能帮助你更好地完成工作吗?所有的面试考察,最终都是为了确定你是否适合岗位。

> **Tips**
>
> 在夸奖自己时,不仅要着眼于"优点",更要注重选择"符合职位需求的优点"。比较好的回答方式是,选择与职位较为匹配的优点作为答案,并且准备相应的案例和数据来说明优点的真实性。

其次,面试官也想了解你尚未暴露的思维或沟通缺点。在谈论缺点时人们往往会感受到压力，但在谈及优点时，有些人就容易得意忘形。毕竟在自我夸奖的时候，语言和情绪都较为积极，这时反而容易暴露缺点。看起来是想了解你的优点，但实际上在你的叙述过程中，面试官在不停地搜寻你表达时的问题。

相较于问缺点，面试中问优点的频率要低一些。毕竟这个问题的答案是由求职者表述自身优势。但作为筛选性的评估，面试中更多的是想发现求职者的潜在问题与风险，而询问优点在筛选过滤方面的作用，小于其他常见问题。

11.3.2 回答优点时的禁忌

虽然面试时询问优点的频率略低于其他问题，但它依然是较为常见的面试问题。我们也需要在面试前了解需要注意的地方。

禁忌一：夸夸其谈。

部分求职者在回答优点时容易放松警惕，表达得过多。而过度自夸很容易给面试官留下自满自足的印象，导致面试官认为你不够谦逊。绝大部分的用人单位都期望招聘有才能、有团队合作精神的求职者，而不是自我吹嘘的人。此外，夸夸其谈也可能暴露出你思维或性格上的缺点。当你对自己的优点和成就滔滔不绝时，面试官感受到的往往不是你的优秀，而是你的骄傲，也可能怀疑它的真实性。尤其是如果在叙述过程中不小心表现出一些缺点，反而会引起面试官的高度重视。

因此，面试时的自我夸奖要足够谨慎。关于个人优点，选取两至三个即可，一定不要过度表达。

禁忌二：过于简洁。

对于任何一个面试问题，回答过于简洁都是大忌。面试官需要通过你的回答来评估你与岗位的适配度，他往往希望听到你的详细描述、解释和实例。每一个问题的答案都是你获得职位的机会，而只言片语的回答，只会让你与 Offer 擦肩而过。

过于简单的回答很容易让面试官认为你对问题不够重视，缺乏思考。也很容易让他们误以为你沟通能力较差，不擅长表达与合作，进而担心你的团队合作能力、与客户沟通的能力。

禁忌三：优点与职位匹配度不够。

许多求职者在回答这个问题时，只是从自己的角度出发，而没有从与职位的契合度角度出发。

你可能有许多的优点，也许还有几个格外突出。但在面试时并不是要回答你最大的优点，而是要回答最能够证明你适合求职岗位的优点。例如，你觉得自己的显著优点是特别有毅力、吃苦耐劳、沟通能力好。但如果你面试的是大型企业的行政岗位，很可能该岗位的工作内容并不需要你格外有毅力，反而更看重你的沟通能力。在回答时，就可以着重回答沟通能力，并不需要提及自己有毅力这一优点。

对此最好能够在面试前先思考：这个职位需要什么特质？自己是否具备这个特质？在面试中回答个人优点时，上述思路就是最佳答案。

禁忌四：缺乏案例和数据支持。

在回答个人优点时，不但要求真实，而且要求与岗位契合。然而这还不够全面，例如，如果你在面试中回答：

"我最大的优点是执行力强。在过去的工作中，我总是很快把工作做完。

事情交到我手上,都能够很好地推进。"

这样的回答看起来与岗位契合,也是你的真实优点,但它并不令人信服。更好的回答是根据面试准备时使用的 STAR 法则,叙述一个能够证明你优点的案例;或者直接使用之前工作中的数据来说明。

"我最大的优点是执行力强。之前我们产品部门要做性能优化测试,需要在很短时间里测试 15 台机器。整个团队只有我在时限前完成了。"

"我最大的优点是执行力强。每次绩效考核,我的结果都是 A,工作完成度是最高的。"

在介绍自己的优点时,除了满足真实和与岗位契合这两个要求,还要有案例和数据做支撑,这样才更有说服力。

11.4 关于最大困难 / 挑战 / 成就

在面试时,常会被问道:"你过去一年最有成就感的事情是什么?"与它类似的问题还有:"你遇到的最困难的事是什么?""你遇到的最大挑战是什么?"

面试官好像特别喜欢用"最"来提问,张小白被问过形形色色的"最"问题。他最近忽然意识到,这些问题是不是有内在联系呢?是不是可以提前准备好答案来应对呢?

这些带了"最"的开放性问题，在各家公司的面试中都会被频繁使用。只要你参加过面试，就一定被问过类似的问题。

11.4.1 "最"问题的考察点

在面试时，能够作为关于困难、挑战的答案，一定得是你已经克服了的困难、挑战，否则就是自曝短处。关于"最"问题，看似随口一问，本质上却是同样的考察思路——通过之前的某个具体案例，了解你的求职动机、思维方式、解决问题的能力。

带有"最"的问题，首先考察的就是你的个人驱动力。能够在你记忆中留下"最"深刻印象的事，往往是能够影响你、驱动你的事。面试官想通过你的答案，了解你的挫败感来源/成就感来源，推断你的潜在驱动力是什么。许多求职者因为面试官的提问并未限定在工作范围内，便会在回答时使用生活案例，例如：

"我最有挫败感的事是和我妈妈互相不理解。"

"我最有成就感的事是和我男朋友大学四年都没有分手。"

这样的回答在面试中是非常减分的。面试官的第一感觉就是，在你的个人评估体系里，工作并不重要。

除了个人驱动力，这个问题更重要的考察点是你解决问题、分析问题的能力。它是典型的行为面试提问方式，在面试时极为常见，尤其是在外资五百强企业中，几乎是必问问题。它会聚焦在你过去的经历，通过让你举例，回忆一件具体的案例，推断你未来是否具备胜任这份工作的能力。当求职者回顾和描述经历时,面试官会观察记录他们对挫折的反应、如何克服困难、如何行动,以及他们从中得到的教训与收获。

关于"最"问题的提问,面试官的思路基本会遵循 STAR 法则:

Situation:案例的背景是什么?当时面临什么情况?

Task:面对当时的问题,你设定了什么样的目标?怎么设定目标的?

Action:为了实现目标,你做了哪些行动?

Result:经过你的行动,达成了什么样的结果?

> **Tips**
>
> 为了发现更多关于思考和行动的细节,面试官的问题通常不会在得到答案后就直接结束,而是会根据求职者的回答,选择一个值得讨论的点继续深挖。

在回答这个问题时,面试官通常会根据你采取的相应行动,选择一个值得讨论的点继续深挖,询问你当时为什么要做出这样的行动,做的时候遇到了什么困难,做出这个行动时是如何思考的,之后做出了怎样的优化,有什么样的结果……只要面试官想了解,这个问题是可以无穷尽地追问下去的。

如果求职者为了获得机会,而编造了非常耀眼的工作业绩:

"我最有成就感的事,是去年拿了团队的年度销售冠军。"

求职者很难在这问题的答案上直接通过面试,因为面试官会根据 STAR 法则寻求更多细节:

"你们团队一共有多少人呢?你的具体销售业绩是多少?别人是多少?"

"你当时为了拿到年度销售冠军,给自己定了什么目标?具体到月,目标是怎么分拆的呢？"

"你为了达成自己的月度目标，做了哪些努力？"

"你在拿到销冠的过程中碰到什么困难了吗？"

此时，这样的询问并没有结束，在求职者回答之后，通常面试官会基于目标拆分和努力再做一轮基于 STAR 法则的询问。如果求职者为了显示自己的优秀随口编造了答案，或者在简历上对业绩做了假，此时基本就暴露无遗了。有经验的 HR，在这样的问题上通常会往下挖两到三层，以确保求职者回答的经历是真实可信的。

11.4.2 "最"问题的万能回答公式

面试时的沟通是基于工作胜任力的，因此关于"最"问题的回答，最好是与工作内容强相关的。如果是有工作经验的职场人，那么一定要使用工作中的案例。如果是转行，没有与职位完全对应的工作内容，也最好使用工作经历回答。如果是应届毕业生，那么可以尽量使用实习经历、校园实践活动、学习上的案例，避免使用过于生活化的事件。

例如，作为行政主管，想要证明自己能够统筹全局、做事细心、能够把控成本的特质，张小白在面试前准备的案例是去年的办公室搬迁。根据 STAR 法则，他对第一层案例的细节进行了如下整理。

Situation：因为业务发展、人员增加、合同到期等原因，公司办公室需要搬迁。（数据详情：搬迁人数。）

Task：整个搬迁项目由自己负责。具体目标是尽量控制成本，尽量少地影响同事工作。（数据详情：成本预算。）

Action：制订搬迁计划，比价筛选供应商，发布内部通知，搬迁物品清点，等等。（数据详情：搬迁计划、供应商报价整理、物品清点数据整理。）

Result：顺利搬迁，成功控制成本，无物品丢失等。（数据详情：最终花费。）

基于回答的内容，重要的是成本控制，这一点也是求职的岗位需要的，因此可以基于这个案例里的成本控制再深入一层思考，详情如下。

Situation：搬迁项目明确，但领导对于预算有明确要求。

Task：需要在时间节点和预算内买齐新办公室的家具，选择合适的搬家公司。（数据详情：分项预算、寻找供应商的方法。）

Action：经过哪些渠道找到了供应商，如何进行比价、沟通，服务过程中如何保障公司利益。（数据详情：供应商的报价与沟通过程。）

Result：顺利搬迁，花费金额有效控制在预算内。

Tips

面试前对于数据、细节的整理非常重要。因为面试官除了会考察你分析、解决问题的能力，还要核实你履历的真实性。如果由于记忆模糊，在回答时细节出错甚至自相矛盾，那么显然会影响面试结果。

回答时可以使用这个结构：

我最……的事是……。当时是……情况（情景），我需要……（任务）。我当时面临的困难是……。我需要解决……问题/达成……目标（任务）。我做了……（行动），最后……（结果）。

第一句话可以先回答面试官的提问，以紧扣问题，例如：

"上份工作中我最有成就感的事就是办公室成功搬迁。"

"我去年遇到的最有挑战性的事是办公室搬迁。"

"我最有挫败感的事就是上份工作中的办公室搬迁,一开始我没有做好,后来经过重新核算成本和寻找新的供应商,还是克服了之前的困难。"

之后的叙述就可以完全相同了:

"当时公司员工几个月之间就从 180 人增加到了 220 人左右,办公室工位非常紧张,所以就想要尽快找一个面积更大的办公场地。但因为用人成本短期内增加了许多,公司就希望办公室的租金能够尽量低一些。本来一个月的租金是 10 万元,新场地最好不要超过 12 万元/月。我当时是想,最好不要距离本来的办公场地太远,毕竟要考虑到员工的通勤。所以我找了两个熟悉办公场地的中介,在公司附近 3 站地铁站周边,把所有在我们价格预算内的办公场地过了一遍。然后为了能尽快确定地方,周末我也没有休息,都在看办公场地。最后确定了 3 个符合要求的,再和老板一起去确定。最终,一周左右就确定了场地,后面的搬迁也很顺利。"

关于自我评价

在面试时,许多面试官会让张小白进行自我评价:"你做个自我评价吧""你觉得自己是个怎么样的人?"还有面试官会增加一些限定范围:"如果让你用三个关键词来形容自己,你觉得是哪三个?"这些问题都指向同一个方向——求职者的自我认知。

11.5.1 自我评价的考察点

每个人对自己的认知和形容是不一样的,但几乎所有的求职者在回答这个问题时,都会选择自己的优点。常常有人回答:"我是一个勤奋的人""我做事积极",没有人会主动在面试中表达"我很懒""我最大的特点就是有拖延症"。

面试官能够从自我评价里,发现求职者自己最为看重什么品质。例如,一位把勤奋作为自我评价的求职者,在他的价值评估体系里,勤奋极有可能是超过寻找捷径的。如果正在面试的岗位是需要承担大量重复性工作内容的,他很合适。但如果面试的岗位是需要更多灵活处理和思考的,那么把"勤奋"作为自我评价的人,可能很难同时兼顾思维的灵活、跳跃。

为了进一步验证自己的推断,面试官很有可能会进一步提问:

"你能举个例子吗?说明你有多勤奋。"
"那你觉得解决问题时勤奋和灵活哪个更重要?为什么?"

通过你回答的具体事件,面试官也会对你的个人特质做出评估。依然以勤奋为例,求职者的举例可能在过去的一份工作中基本每天加班一两个小时。对于有些面试官来说,这是一个具体的能够说明勤奋的事件。但部分面试官也许会觉得加班一两个小时只是工作常态,算不得勤奋。甚至另一些面试官会得出"因为效率不高才每天加班"的结论。

面试是由人来评估的，因此自我评价的标准也就不同。面试官会比对自身的评价标准，来判断求职者与目前的职位需求是否匹配。

除了价值观，自我评价也能很清楚地反应一个人的自我定位。例如，你认为自己是个什么样的人？为什么会这么认为？过往经历里有什么事件可以证明你是这样的人？关于这一系列问题的讨论，可以让面试官更好地了解你的自我定位。自我认知清晰的人，往往对现实情况和工作状况也有着较为准确的评估，能够更好地完成工作。从长远发展来看，自我认知清晰的人能够更快地成长，未来也能为公司带来更多的价值。

11.5.2 自我评价的回答角度

关于自我评价，回答几乎全是正面评价。从某种程度上说，自我评价的回答和询问优点的回答是类似的。因此关于回答优点时的禁忌，对自我评价同样适用。

什么样的自我评价适合在面试中回答呢？

一个方面要有与职位契合的个人特质，也有对应的案例，还有丰富的细节和数据作为佐证。

另一个方面是对照公司的价值观，寻找自身相符的特质。以求职腾讯为例，从腾讯的官网上就可以看到，腾讯的价值观是"正直、进取、协作、创造，用户为本，科技向善"。根据求职公司的价值观，求职者可以从自身发现与之相符的特质，如果有符合企业价值观的特质，即可作为答案。只是需要在词汇上做出调整，切忌直接照抄。举例如下。

"我是一个追求工作结果的人,总是想尽办法,用各种方式把事情做到最好。"

"我觉得自己挺勇敢的,想要的工作就会尽力去争取。"

"我的三个关键词就是:团队合作,拼搏,努力。"

基于这两个方面,回答真实的自我评价即可。一方面需要注意与岗位的契合度,另一方面也要注意必须是自己的真实特质。

求职者如何提问题

在面试结束前,面试官往往会用一句统一的结束语:"我的问题问完了,你有什么问题要问我的吗?"

第一次听到这句话的时候,张小白瞬间放松了,他开心地答了句"没有"就结束了面试。几天之后,他被 HR 告知面试没有通过。参加过几次面试之后,张小白意识到,他需要问对方些什么问题。可是面试结束后,应该问面试官什么问题呢?

11.6.1 面试官让求职者提问的考察点

在面试结束前,面试官问是否有问题时,一般有两种可能性。

可能性一：面试官的确只是表达他的询问结束了。出于礼貌，他允许你向他提出一些你想了解的问题。

这种情况下，面试官并未对你的提问抱有任何预设。他更多也是表达礼貌和回答你的提问。只要你不是提出特别离谱的问题，都不会对面试结果有任何影响。即使你回答"我没有问题"也没关系，面试就到此为止。

可能性二：这个问题也是面试官众多评估问题中的一个（这是他面试的最后一个问题），和其他问题一样，他会根据你的回答对你做出评估。

这种情况下，你就需要认真对待了。你提出的问题会被分析和判断，也会较大程度地影响面试结果。这时如果你说"我没有问题"，就会在面试官的评估中被归类为"没有思考的主观能动性""沟通较为被动"。

那么，面试官让你提问题到底想考察什么呢？

这个问题并不是筛选过滤性的问题，而是了解性的问题。在面试这样较为严肃的场合，求职者在最后环节提出的问题一定是他本人较为在意的问题。例如，有些求职者会问："试用期工资打折吗？"那么，他必然很在意薪水。也有求职者会问："团队的绩效考核标准是什么？"那么，求职者在意工作结果，也可能在过去的绩效考核中得到过较差的结果。

> **Tips**
>
> 当面试官问你还有什么问题要问时，他很可能是想通过你的提问，更多地了解你是什么样的人、你在意什么。你提出的问题会和面试中的其他问题一起交叉印证，帮助面试官对你做出更为准确的评估。

例如，在面试中不断强调自己在意工作上升空间的求职者，面试的最后环节的提问通常会与汇报对象、工作内容、培训等相关。但如果他唯一的疑问是试用期工资是否打折，那么他之前反复强调的在意上升空间可能只是表演。在之前沟通中对于工作结果表达得含糊不清的求职者，最后的提问若是绩效考核标准，那么很可能他之前的绩效考核结果较差。如果之前的沟通中有充分证据说明求职者工作结果优秀，最后他提问的是绩效考核标准，那么面试官多半会理解为求职者行为逻辑一致，的确是个高度关注工作结果的人。

当然，面试是双向的筛选。不用担心暴露自己在意什么。面试官在这个问题上，更多地是想了解和辅助证明，而非绝对性地筛选。

11.6.2 提前准备问题

面试官让我们提问题时，我们无法判断坐在对面的面试官是出于礼貌表达面试结束还是想要了解别的，因此最好的应对方法是提前准备好适宜的问题，在面试的最后环节从容地问出来。关于提问，我们可以按照下面这两个思路准备。

1. 询问会影响自己接不接 Offer 的因素

对于一些基础问题，诸如公司的上下班时间、加班费多少、是否缴纳社保公积金、签不签劳动合同这样的问题，并不建议在这个环节询问。因为像工作时长、加班费用这些问题，一般不会构成拒绝工作机会的决定性因素。在这个环节提出反而会引起面试官对你的负面认知，他会认为你只关注琐碎细节，不关注工作内容和职业发展。像缴纳五险一金、签订劳动合同这种事,如果公司做不到就是违法。即使在面试时不问,这些细节问题,HR 也会在 Offer 谈判或发放 Offer 时清楚告知。

与其询问这些基础问题,倒不如从团队和工作结果的角度问几个更有价值的问题。这里提供几个许多求职者都较为在意的问题。

"这个岗位的工作需要达成什么样的目标?""这个岗位的 KPI 是什么?"

——可以帮助你很好地评估未来的工作量和压力。比起直接问"这个工作要加班吗?",这两个问题不但能够得到更客观可信的答案,也不会让面试官误以为你逃避工作量。

"公司的绩效考核方式是什么?"

——可以帮助你评估工作压力和奖金的发放力度,因为绩效考核不仅是考核,还包括后续的奖金发放和不达标时的绩效工资扣除方式。

"我面试的这个岗位,团队是什么情况?"

——这个问题需要进行追问和判断。不但要看面试官回答什么,也要看他不回答什么。面试官主动介绍的部分通常是团队的积极方面,如领导有能力、团队成员学历水平高等。但如果追问其他未提到的部分,如问同事之间关系怎么样,如果面试官有点卡顿或尝试避开话题,那么这方面大概率是团队欠缺的地方。

"这个岗位是新增的还是替换?""为什么要新开设这个岗位呢?"

——公司新增岗位,可能是因为开设新业务或者公司发展趋势较好,加入前需要评估风险性。如果是替换,那么关于前任的离职原因是可以问的,并且要观察面试官被你问到时的语言以外的反馈,如情绪、表情、肢体语言等。毕竟你需要了解自己会不会也因为同样的原因离职。

"公司招人会欣赏有哪些性格特质的员工呢？"

——通过公司在招人时对性格特质的选择，可以推测自己跟团队是不是契合。

这些问题都能帮你获得更多的岗位信息，问的时候也能展现你在意工作发展、在意团队。不但能够得到有效信息，也能为自己加分。你也可以按照这个思路，准备其他既有主动性，又能帮助你进行决策的问题。

2. 询问能展现自己思考能力的问题

和上个类型的问题不同，这种问题并不是为了得到答案，提问的目的只是向面试官展现自己的思考和优秀，从而达到为面试加分的目的。需要注意的是，这些问题需要提前做一些功课。根据面试前的准备，你已对行业和公司都有了较深入的了解。结合即将面试的岗位，以下问题可供大家参考。

"最近我们行业有 XX 动向，公司做 XX 是为了应对这个吗？"

——了解行业动态后，结合公司业务和新闻进行提问。即使面试官对这一动向或业务一无所知，你的提问也会向他很好地传递出你在关注行业动态和公司发展方向的信息。

"我在官网上看到 XX 信息，请问……？"

——这个问题在明确表达，你提前做功课看了官网，并且进行了思考。只要问题符合逻辑，都会为面试结果小幅加分。

"我看咱们的岗位要求 XX，有没有考虑过试试 XX/ 为什么不用 XX 呢？"

——这个问题适合专业性比较强的岗位，并且求职者要对自己的专业度有信心。面试的时候问 HR，而非部门经理。因为 HR 对于岗位的专业技能通常只知道大概，并无更为深入的研究。这个问题会让 HR 觉得你对专业有思考，是专业领域内的"大牛"。但如果问部门经理，则需要慎之又慎，以免因为专业上的看法不同而产生矛盾。

"我对产品有个不成熟的小想法，……，你觉得怎么样？"

——提前研究公司产品，思考几点切实可行的改进方法；如果想不到，也可以从用户角度找几个不足之处，提出建议。不要太长，两三句话能说清楚最好。这个问题说明你积极使用了公司的产品，并且进行了思考，甚至有可能让产品变得比现在更好。

按照这个思路，你也可以提前准备其他能够展示你思考能力、给自己加分的问题。

最后需要提醒的是，对这一环节的提问以 1～2 个问题为佳。若问题太多，就容易引起面试官的负面情绪，反而影响面试结果。你可以从上述问题里选择较为符合你状态的问题，也可以根据这两个思路提出自己独一无二的问题。

第 12 章

对话结束，但面试没有

结束面试后，张小白长舒了一口气，压在胸口的大石终于落地了。由于准备充分，他和面试官相谈甚欢。而且结束面试时，HR 面带微笑地告诉他："我们一周内会给你答复。"张小白感觉这次面试稳了，Offer 在向他招手。

然而五天过去了，张小白依然没有接到 HR 的答复。到底发生了什么？这个 Offer 还能收到吗？他该怎么做呢？

面试后的等待

面试结束了,许多求职者感觉求职进程也结束了,之后要做的就是等待答复。虽然 HR 提到稍后联系,但却杳无音信。

12.1.1 常见 HR "敷衍" 话术

面试结束后,你是不是听过 HR 的这些"敷衍"话术?

"我们会在一周内给您答复。"

"通过的话,我们会尽快给您通知。"

"下一轮面试是由部门经理来面试。不过他这两天正好出差了,他一回来我就跟您联系,再安排面试时间。"

"我们会在面试结束后进行综合评估。"

求职者结束面试时就像考试交了答卷,总想立刻看到自己的分数。HR 却总表现得像有拖延症的老师,迟迟不肯公布成绩。如果不了解招聘的工作流程,求职者很容易在等待中浪费面试后的最佳争取时间。

那些在面试中就明确表达"我们招你了"的面试官,往往是部门经理或公司高层。HR 的表达多是"我们会在一周内给您答复"。这是因为在是否发出 Offer 这件事上,往往需要综合决定或者用人部门占主导地位。大部分公司的 HR,都无法一锤定音地决定是否发出 Offer。即使他们很认可当下这位求职者的能力,也需要在面试后进行内部讨论才能做出决定。所以,在回去等通知这件事上,并不是 HR 故意敷衍。

HR 之所以"敷衍",还有一个重要原因是,HR 担心如果在面试时就表达出高度满意,会影响后续的薪酬与 Offer 谈判。面试主要是用人公司对求职者的筛选,而 Offer 谈判是二者之间的心理博弈。尤其是薪酬方面,并没有标准化的规定,以多少薪水录用全凭 HR 和候选人之间的谈判。从经济效益的角度,公司一定期望以更低的工资获得合格劳动力,求职者则希望得到更多的报酬。

> **Tips**
>
> 当 HR 意识到当前候选人可能会进入后续 Offer 谈判环节时,反而不会太过热情,以免在后续谈判中丧失主动权。

有些公司的面试有好几轮,每个轮次之间有时间间隔。即使在面试时被明确告知等待下一轮面试通知,也可能后续接不到任何音信。出现这种情况的较大可能性是,在 HR 面试的环节,你的表现并不好。所以即使简历符合标准,你也无法进入下一轮面试。但作为面试官的 HR 不想在面试当下直接拒绝,又或者他需要和部门经理协商后才能确定可以拒绝。所以他会以下一轮面试官不方便为由,先结束今天的面试。

另一种可能性是,在面试流程里还有别的候选人。公司招聘时一般不会只面试一位求职者,在尚未来得及对你进行下一轮面试之前,若另一位比你先面试的求职者已接受了 Offer,甚至已经入职,那么公司自然也没有必要继续安排面试。

许多求职者感到疑惑,公司真的需要在面试后进行"综合评估"吗?是的,即使从头至尾只有一位面试官,他也需要在面试后"综合评估"。一方面是因为招聘员工往往不是个人决定，发出 Offer 前需要向上面汇报或者与 HR、部门经理等进行沟通；另一方面可能是因为还有其他的求职者尚未面试，面试的结果自然要等到综合评估这些因素后才能决定。

了解 HR 常见"敷衍"话术背后的真实原因，可以帮助我们更好地在"后面试"环节做出行动，为自己的求职增添助力。

12.1.2 面试轮次间的等待

一般来说，小规模公司的招聘流程较短，可能只需要一次面试就能决定是否录用。越大规模的公司，招聘流程越长，面试往往有三至五轮。整个面试的历时也从半天延长到了两周，甚至两个月。这是因为小公司是由"人"进行管理的，只需要老板本人做决定即可。而大公司是由"制度"进行管理的，录用的决定是由用人部门、HR、公司高层等多方决定的。在做出决定之前，各方的评估者都需要参与面试。最终的录用也需要在公司的流程中进行批复。如果是跨国集团，有些 Offer 还需要海外总部进行批复，流程就相对更久。

对于求职时效较为在意的求职者，在安排面试前可以直接询问猎头或 HR：

"公司一般面试流程要多久？"

"请问一般面试几轮？面试官是谁？"

这两个问题可以帮助你很好地了解这家公司的面试流程，对 Offer 发出之前的等待时间建立心理预期。如果觉得面试流程过于冗长想加速推进,那么可以在明确第一轮或第二轮面试通过之后,告诉 HR:

"我现在有另一家公司马上要发 Offer 了。但我对咱们公司真的很感兴趣,您能帮我稍微快点推进吗?"

需要注意的是,一定要在确保前两轮面试结果非常积极的情况下提出这个要求,否则很容易让正在犹豫的用人公司做出拒绝你的决定——毕竟你已经有别的 Offer 了,再面试下去、再推进流程,可能只是浪费时间。

每轮面试之前,明确下一轮的面试官是谁非常重要。因为不同性格的面试官在评估时的侧重点是不同的,因此我们面试准备的方向也会不同。向 HR 提前了解面试官的身份,可以让我们对面试的准备更加充分。

另外,当你正在面试一家心仪已久的公司时,要尽量避免近期离开所在地。有时因为各种因素,某一轮次的面试会紧急安排,甚至会要求你立刻赶去面试。如果你无法前往,而其他求职者刚好通过了这一轮次,那么你就会错过这次机会。

大型企业的面试轮次较多,的确需要更多的耐心,但它也会给你的职业发展带来更大的价值。在面试多轮次的漫长等待时间里,务必保持平常心。尽量专注于下一轮次的面试准备,而不是执着地等待答复。调整好心态,才能以更好的状态迎接下一轮的沟通。

面试后的沟通

张小白好不容易结束了心仪公司的面试,他想知道除了面试,自己还能做些什么。

事实上,他还可以尝试与 HR、面试官更好地沟通。面试虽然结束了,但他和 HR 的沟通还没有。即使一切顺利,至少也还需要一次关于 Offer 的沟通才能确定是否录用。因此在最终确定录用前,张小白还有许多细节可以改善。

1. 面试结束当下

如果之前没有添加过面试官的微信,那么此时可以主动询问面试官是否可以加为好友。大部分面试官都不会拒绝。

无论面试官是部门经理还是 HR,添加私人的联系方式都意味着你在后续的 Offer 谈判中可以即时沟通。这对你后续的谈判是有利的。而且长远来看,通讯录列表里多几位 HR 和同行前辈,也是百利而无一害的。

2. 面试结束后两小时

面试结束后可以给面试官发送微信,表达感谢和想加入的积极意愿。如果面试官不止一位,那么可以分别发送。发送模板可以使用"感谢 + 面试体验 + 加入意愿"。

"谢谢王经理今天抽空跟我分享这么多,和大牛沟通真的受益匪浅!面试

时您提到的解决方案让我有瞬间开窍的感觉。如果有机会,很希望能在未来继续向您学习!"

"李经理,谢谢您帮我安排面试和沟通。跟您和王经理的沟通都很愉快,很希望将来有机会与这么专业的 HR 和领导共事。"

发送的信息不需要长篇大论,几十字简单表达就好。如果面试时有具体的值得延伸讨论的话题,可以再发一段,适当展开。任何一家公司在招聘时,求职者积极的加入意愿都是重要的考虑因素。

> **Tips**
>
> 有些岗位在连续面试好几位候选人时,面试官很容易忘记开始面试的几位候选人。在短时间内再次发送微信,表达感谢和积极加入的意愿,能够很好地提醒他们,加深面试官对你的印象和好感。

如果是外企,发送邮件也是不错的选择。但记得邮件需要使用英文撰写。

3. 面试结束后 2～3 个工作日

如果面试顺利通过,可以进入下一轮或者可以发放 Offer,那么第二天就有可能收到来自公司的消息。但如果等了三个工作日还是没有任何回音,这时可以主动询问 HR。

"李经理你好,我是上周四面试运营岗位的张××。请问我面试通过了吗?"

一定要明确告知对方你的姓名、面试时间、面试岗位,便于对方快速了解你是谁,并查询面试结果。许多公司对于面试未通过的情况,是不会另行通知的。但如果求职者主动询问,基本都会告知。如果面试没有通过,而你的确不清楚自己的问题出在哪儿,那么可以询问对方:

"您方便告诉我是哪里不合适吗?"

你可以参考对方的答案,在后续的面试中提升回答技巧。如果面试通过了或者待定,那么你可以再次表达积极加入的意愿。

4. 面试结束后 7 ~ 10 个工作日

如果此时你还没有收到进一步推进的通知,大概率是面试未能通过。你可以直接放弃对这家公司的期望,寻找新的工作机会;也可以在放弃之前,最后一次进行确认。得到答复后,可以表达感谢和未来的加入意愿:

"还是很感谢能有这次面试机会。虽然这次没能加入,但未来如果公司有其他的岗位招人,我也很愿意再次尝试。"

面试后做什么

经过很多次的面试,张小白越来越有经验。他能够洞察面试官问题背后的考察点,并且能与面试官侃侃而谈。当朋友们向他取经时,他说出了自己提升面试技巧的关键——面试复盘。

12.3.1 面试复盘

要想顺利通过面试，也是需要积累经验的。HR 之所以能够在面试时侃侃而谈，快速通过沟通评估求职者，就是因为他们经过了大量的实战练习。但求职作为职业生涯里重要却低频的事件，许多人可能几年才有一次求职经历。因此在求职阶段，快速通过面试复盘总结得失、调整状态尤为重要。

面试复盘通常包括以下几个部分。

面试基本信息：公司、岗位、面试官。

基本流程：面试官依次提出了哪些问题，这些问题是依据什么逻辑进行提问的。

关键问题：面试官对哪个问题较为在意，并对这个问题进行了连续追问。

回答失误的问题：哪些问题的答案不尽如人意，是否可能会对面试结果产生影响。

回答优秀的问题：哪些问题是你觉得自己回答得特别好的，以及如何回答的。

改进计划：关于回答失误的问题重新准备答案，其他行动。

公司规模、岗位、面试官身份的不同，决定了他们问题的考察角度是不同的，因此面试流程和考察逻辑也会不同。而面试官考察的重点，往往也是这一岗位在筛选人才时最重视的因素。对这些信息的整理和思考能够帮助你更好地贴近面试官角度进行思考。尤其是大部分职场人通常是求职同一类型的岗位，整理几次面试之后，你就能体会到这一类型的岗位真实需要的是什么。即使是不同的公司，面试官在意的关键问题也是高度相似的。这时就可以在面试前准备好数据和答案。

即使是沟通技巧高超的人，在面试时的高压对答环境下。也会有回答失误的时候。有时候有些答案刚说出口，就意识到不对。有时候说完一段话后，面试官的表情微妙，面试气氛直转而下。对于这样的情况，要在面试复盘时进行反思，并且一定要针对这一问题重新准备面试答案，以确保下次遇到同样的问题时能够给出令人满意的答案。

相对的，有些问题在回答后，能够明显感知到面试官的认可。有些面试官甚至会当场表达赞赏，与你相谈甚欢。这样的问题同样需要记录下来，并且要思考：自己的答案是哪一点打动了面试官？这些点在下次面试中如果没被问到，是否要主动提及？面试复盘不仅仅需要了解并扭转劣势，也需要了解自己的优势，并尝试将在下次面试中展现出来。

按照自己的习惯，使用 Excel、Word 或纸质记录均可，重点在于需要在每次面试后均及时回忆整理。经过几次详细的面试复盘后，你会发现自己在面试时更加得心应手，通过率也大大提升了。

12.3.2 尝试主动出击

面试结束后，除了自我总结进行复盘，我们也可以在与面试官的交流上花点精力。

1. 整理面试时提及的项目、作品资料

如果在面试沟通时提到了曾经参与过的项目或个人作品，面试官对此也展露了兴趣，那么你可以在面试结束当天整理相关资料，主动发送给面试官。这一行为不仅可以进一步展示你的专业能力，也可以很好地展示你沟通的积极性和细心程度。

2. 整理面试时与面试官讨论的方案

用人部门的经理常常会在面试中询问假设性问题，例如，"在……情况下，你会怎么办？"对于这个类型的问题，如果你感觉在面试时有未尽之处，或者面试后有了更加完善的方案，那么可以通过文字形式再次简单阐述并发送给部门经理。

这个类型的假设问题通常是基于未来真实的工作情况而设计的，如果你有较好的解决方案，那么一定能够打动部门经理。而且在面试后依然保持对方案的思考，也可以很好地展示你积极解决问题的态度。

3. 整理对公司产品的调研、想法

如果你在面试后刚好对公司的产品有体验和想法，那么可以尝试把自己的想法以文字总结或视觉呈现的方式，发送给面试官。这样做不仅可以展示你对公司产品的关注，更重要的是凸显自身保持思考的状态和对公司的强烈兴趣。

如果不清楚怎么做，可以尝试从公司的网站、产品文档、知识分享类帖子、社交媒体的评论上寻找思路。记录自己关于产品设计、功能优化、用户体验等方面的感想。需要注意，发送前要确保文档足够清晰、专业，否则可能会弄巧成拙。

4. 与HR积极互动、沟通

如果添加了HR的微信账号，那么可以给他的朋友圈进行评论。不过需要注意，要避免过于热情或个人化的表达，简单表示友好即可。如

果实在不知道如何表达较为合适,那么点个赞也是不错的刷存在感的方式。

当你面对一个梦寐以求的工作机会,面试结束后又不知道还能做什么时,可以试试上述几种方法。这虽然不会成为你面试成功的决定因素,但可以在"后面试"的环节里,提高你成功的可能性。

12.3.3 多线程求职

在求职中,我们需要根据面试的具体情况调整心态、求职方向、简历、预期等。为了更加高效地求职,我们除了等待面试通知,也要带着思考系统地整理面试,继续求职。

随着求职周期的拉长,投递岗位过多时,很容易因为注意力的分散而遗漏面试机会。通过表格管理可以帮助我们整理所有进入面试流程的机会,如图 12-1 所示。

编号	公司	岗位	行业	公司规模	公司地址	邀约时间	是否面试	面试详情				面试体验	猎头/HR	Offer情况		
								面试时间	二面时间	面试进度	拒绝原因			月薪	奖金	其他
1																
2																
3																
4																
5																
6																
7																
8																
9																
10																

图 12-1 多线程面试管理表

在求职阶段,第一波广泛投递简历之后,还应持续投递简历,可以每周给自己预留出固定的投递简历时间。具体时长可以根据收到面试邀请的情况调整。

收到面试邀请后,根据前面讲过的内容,在简单调研后可快速做出是否接受面试邀约的决定。即使不准备参加面试,也可以在表格中记录

下来。对于连续两周收到的所有面试邀约,如果最终都决定不参加面试,那么可能是因为简历投递方向或简历本身出现了问题。需要分析后及时调整。

各家公司的面试轮次有所不同,表格里是按照三轮面试来做记录。在实际操作中,如果你所面试的公司有更多轮次,那么可以手动增加。记录每轮面试的时间是为了在面试后更好地进行跟踪,同时表格中也需要记录发出面试邀约的猎头或 HR 姓名。拒绝原因非常重要。如果连续几家公司的面试均未能通过,那么可以结合面试复盘方法分析频繁被拒绝的原因,改进自己的面试技巧。

面试体验是指你在面试过程中的真实感受,如面试官是否友好、未来上司是否具有令你信服的领导力、面试过程中是否感到不适等。这一列的记录更多的是为了在对比最终的 Offer 时,做出更加准确的判断。

> **Tips**
>
> 一定不要进入某家公司的面试轮次后期就停止求职进程。即使已经进入 Offer 阶段,如果你同时有别家公司的 Offer,也可以增加自己的谈判筹码。多线程求职,百利而无一害。

12.3.4 面试未通过时的情绪调整

许多人都有过这样的经历,面试时明明聊得不错,但最后却没能拿到 Offer。面对这样的情况,有的人一笑了之,继续投递简历;也有的人会陷入自我怀疑中。尤其是连续面试失利后,许多人会觉得是自己太糟糕了。

伴随着这种质疑自己的负面情绪，人的自信心会随之下降，闷闷不乐，甚至有可能会因为情绪积累而产生抑郁的倾向。因此我们一定要认真面对面试失利后的情绪。

> **Tips**
>
> 面试不是筛选"优秀"，而是筛选"合适"。即使你非常优秀，但薪酬超出了公司对岗位的预算，或者你无法在公司急需的一周内到岗，那么你都无法通过面试。

由挫败感带来的自我否定情绪很常见，尤其是在求职压力较大的情况下。然而面试不是筛选"优秀"，而是筛选"合适"。在面试未能通过时，尝试问自己以下几个问题：

"我在面试中有哪些地方可以做得更好？"

"对上一次面试复盘，发现有的问题回答得不好，下一次我能回答好吗？"

"最有可能导致我没拿到 Offer 的原因是什么？我能改进吗？"

总之，要更多地去思考未来，把注意力放在优化自己的行动上，而非持续自我怀疑、自我否定。

除了自我否定，还有一种很典型的负面情绪值得关注，那就是持续受挫带来的消极倦怠，丧失继续积极求职的冲劲。这样的倦怠感不利于求职，持续积累后也容易引发人的焦虑、抑郁。

首先，应对这样消极倦怠的情绪，较好的方式是倾诉和寻求支持。你可以试着和家人、朋友聊聊你的面试，吐槽一下公司和面试官，这样你的情绪可能会得舒缓。不要害怕分享失败，从整个职业生涯来看，目前的面试失败不过是非常小的一粒尘埃。一年之后，你甚至不会记得今年面试未能通过的公司名称是什么。

其次,可以尝试旅行、运动等方式,短时间地脱离求职状态。整理好心情,重新具备积极的状态后再鼓足精神,继续求职。

再次,适当调整情绪后,直面近期失败的面试。能够进入面试,说明简历中展现的硬性指标基本符合公司要求。而连续几场面试均未通过,则说明沟通和自我表达上出现了问题,需要提高面试技巧。

最后,你还可以调整目标。如果你的确处于面试总是通不过的状态,那么可以把下次面试的目标,从"一定要通过面试"改为"一定要把上次复盘时发现的没做好的地方做好",从而更多地关注自己的行动。

记住,面试的失败绝不意味着你是失败的。持续改进面试技巧,拿到满意的 Offer 只是时间早晚而已。

第 13 章

开始谈薪了

　　经历了三轮面试，等待一周之后，张小白接到了来自 HR 的电话。HR 先是恭喜他进入了 Offer 流程，之后便告诉他薪资可能达不到他的期望值，月薪大概少两千元。

　　张小白犹豫了，他该怎么回答？回答得高了，怕 Offer 飞走了。回答得低了，下份工作可能就要实打实地每个月少两千元。因此他认真地请教自己的 HR 朋友，想知道如何谈薪。

期望薪资要如何回答

HR："你的期望薪水是多少？"

面试者："嗯……你们能给多少呀？"

"我的期望月薪是 10K 到 13K。"

"我希望涨幅能给到 20% ~ 25%。"

对于期望薪资，在投简历前就要有明确答案，而不是等到谈 Offer 阶段。尝试用底线思维去思考期望薪水，思考自己能够接受 Offer 的最低期望薪资是多少。你的答案需要是个准确数字，而不是模糊的区间。

13.1.1 如何确定期望薪资

确定最低期望薪资，要考虑到行业与岗位的普遍情况。每个行业、每个岗位在跳槽时的涨薪幅度是不一样的。在快速发展、人员紧缺的行业中，涨薪 50% 的情况也很常见。而在竞争激烈、人员充足的行业中，往往会要求面试者平跳甚至降薪。要想确定期望薪资，可通过跳槽的同事或社交媒体、猎头等进行了解，这些都是很好的了解渠道。充分了解人才市场的信息后，再结合自身期望，确定准确的数字。

投递简历时，我们会看到招聘网站上的岗位薪资是有区间的。如果你是一位已经有两年工作经验的优秀的行政人员，你的期望薪资是模糊的区间，比如八九千元或者一万元左右，那么图 13-1 所示的这两个岗位你可能都会投递,也都会接到面试邀请。

图 13-1　求职网站薪资区间示例

但在实际的招聘环节,公司极少会发出招聘网站上公布的薪资区间上限的 Offer。公司对应岗位的薪资区间的上限是给那些超出岗位预期的求职者的,而不是符合岗位要求的。而符合薪资下限的 Offer 通常是发给勉强符合岗位要求的求职者。对于勉强符合岗位要求的求职者,在后续面试过程中如果还有其他相对更符合岗位要求的求职者,招聘单位往往会适当提高薪资而选择后者。

> **Tips**
>
> 如果特别在意薪酬,为了避免白白浪费面试的时间,你可以在投递简历时就做出一点小小的调整——只投中位数大于你最低期望薪资的岗位。

以图 13-1 所示的这两个岗位为例,如果你的最低期望薪资是 8500 元,那么两个职位都可以投递。但如果你的最低期望薪资是 9000 元,那么行政助理(英语)的这个岗位,是很难达到你的薪资要求的。

13.1.2 期望薪资的报价

除了确定最低期望薪资，我们也需要在面试前准备好期望薪资的报价。

因为每家公司的面试流程是不一样的，许多公司会等到谈薪阶段再问期望薪资，但也有许多公司在第一轮面试的时候就会了解求职者的期望薪资信息。如果你在面试前没有准备好答案，那么很可能会随便报一下期望薪资，最后在 Offer 谈薪阶段又会后悔。

最低期望薪资只是我们能接受的底线，在薪资谈判时，我们还需要一些谈判技巧。公司在购买劳动力时，和普通的消费者并无太大区别，都想用尽可能低的价格购买原本就看中的商品。因此我们需要像有经验的商家一样，为自己的劳动力标上合适的价格，再通过"打折促销"让公司满意地购买。

薪资报价具体的操作很简单，在我们最低期望薪资的基础上，适当上浮 5%～30%，再根据自己的底线和满意度确定期望薪资报价。

> **Tips**
>
> 谈最低期望薪资时的话术："如果达不到这个数字，我一定不会接受 Offer"。
>
> 谈期望薪资报价时的话术："如果给到这个数字，我会非常惊喜"。

我们的期望薪资报价应该是准确的数字，而不是一个区间。许多求职者会把心理底线和满意的报价一起报出来，例如，"我的期望月薪是一万元到一万三千元""我希望涨幅能给到20%～25%"。这样的回答会让经验丰富的 HR 准确捕捉到，"其实一万元或 20% 的涨幅你也可以接受"。后续的沟通中也会基于你报价区间的下限进行谈薪。

因此，无论是自己心里的最低期望薪资还是报给 HR 的期望薪资，都应该是非常准确的数字——"我的期望月薪是一万三千元"或"我希望涨幅能给到 25%"。

也有一些求职者，出于谨慎，会想先了解公司的报价：

"嗯……你们能给多少呀？"

> **Tips**
>
> 被问及期望薪资时，反问 HR 公司能给多少薪资，这种做法并不会帮你在这一阶段获得主动权。因为你放弃了为自己争取超出预期涨幅的机会。HR 很可能会直接给出这个 Offer 的下限，让你十分被动。

对比一下下面这两种谈薪方式。

背景：你目前薪资 7000 元，最低期望薪资是 8000 元，期望薪资报价是 9500 元。

▷▷ **情景一**

HR："你的期望薪资是多少？"

面试者："嗯……你们能给多少呀？"

HR："我们这个岗位预算是 7000 元，但我们面试完觉得你特别合适，所以想要给你 7500 元。当然，现在都是在谈薪阶段嘛，如果你有想法，也可以再沟通的。"

面试者："我觉得 7500 元太低了，我想要 9500 元。"

HR："坦白说，这个涨幅有点太多了。咱们这个工作比你之前的要轻松多了，而且每个月还涨了 500 元。工作要看性价比的呀。"

▷▷ **情景二**

HR："你的期望薪资是多少？"

面试者:"我的期望月薪是 9500 元。"

HR:"坦白说,这个涨幅有点多了,你现在的期望涨幅是 35%,而我们公司明确规定,Offer 的涨幅不超过 20%。"

面试者:"理解。但我的确对咱们公司特别感兴趣,我目前的技能也很适合。您能帮我申请下吗?只要到 9500 元,这个 Offer 我就立刻接了。"

HR:"我可以帮你申请看看,但可能性很低。我们也很希望你能加入。咱们这个工作比你之前的要轻松多了,工作也要看性价比的呀。"

这两种情景在谈薪时都很常见。最后的结果是,情景一里的求职者会拿到在 7500 元的基础上略微调高的 Offer,如 7800 元。而情景二里的求职者会拿到约 20% 的涨幅,8500 元。由此可见,一定不要在 Offer 谈价环节放弃先报价的权利。

谈薪沟通

谈薪,绝对是所有求职技能里最重要的一项。因为职场人的工资,并没有标准化的衡量。

许多求职者在千辛万苦拿到 Offer 并入职后,才发现隔壁桌的同事,月薪比自己多了三千元。到了同学聚会时,发现大学同学的年终奖发半年工资,而自己只有半个月的工资。这些都是源自于谈薪。然而在谈薪时,HR 和求职者基于不同的立场和经验,有着截然不同的话术。

13.2.1 HR 常见压价话术

在 Offer 谈薪阶段,求职者常常会遇到被 HR 压低工资的情况。

 Tips

> 表面看来,好像是 HR 为了压低求职者的 Offer 工资斤斤计较,但本质上是因为企业是营利性组织。想要更多的盈利,企业需要全方位压缩成本。所以对于 HR 来说,他的工作内容就包括了尽可能地压低 Offer 薪资。

以下几种压价话术,在谈薪环节都极其常见。

"你现在的期望涨幅是 35%,而我们公司明确规定,Offer 的涨幅不超过 20%。"

"你期望的月薪是 15000 元,但我们这个岗位的薪资上限就是 13000 元。"

用公司规定作为压价手段是很常见的,它可能的确是事实,但也非常可能只是 HR 的谈判技巧。毕竟无论是涨幅的限制还是薪资上限,解释权都归公司所有。求职者尚未加入公司,并不了解公司制度,再加上谈薪时希望给公司留下好印象,所以这一阶段的求职者很容易被这个话术说服。

"我们公司每年有两次调薪机会 / 你试用期结束时也可以申请调薪,而且你对自己的能力也很有信心。既然这样,你可以先加入,之后再申请内部调薪。"

这种利用未来的可能性作为压价的手段也很常见。许多对自己工作能力有信心的求职者,会被这一点打动。但你需要意识到,谈 Offer 阶段

是你的议价能力最强的时候。如果在这个阶段都难以申请涨幅,那入职后就更难了。

"我们这边评估下来,你和岗位还是有差距的。但部门负责人觉得你学习能力很强,愿意给你一个学习机会。所以如果你能接受平跳,我们还是很欢迎你加入的。"

这是在感情里常见的 PUA 方式,在职场中也会遇到,HR 会通过打压的方式让求职者降低自我评价。自我评价降低了,自然就能够接受原本无法接受的低薪 Offer。

这种谈薪方式其实逻辑上并不合理。如果其他求职者里有一位比你有能力又能接受这个薪水的人,HR 一定会录用他,而不是你。HR 之所以这么说,是因为你是所有求职者里最适合这个岗位的人。

"你上份工作虽然月薪是 1 万(元),但是只有 12 薪,我们这边是 14 薪。所以你期望的 20% 的涨幅,也就是年薪 14 万(元),摊下来月薪是 11667(元)。"

许多求职者听到这样的算法会不解:"咦,我不是期望 20% 涨幅吗,怎么涨完还是 1 万元?"这里有两种可能性。一种是确如 HR 所说,这家公司固定薪水是 14 个月,那么年薪的计算应该是月薪 ×14。以年薪来计算涨幅合乎情理。只要你不是频繁跳槽,在未来的一年或几年里,你是可以拿到所期望工资的。但还有另一种可能性,就是这家公司的"14 薪"包含了年终奖。和固定薪水不同,年终奖并不是公司承诺发放的,一般需要根据公司的经营状况和员工当年的绩效表现,再叠加种种因素确定发放金额。种种限制条件，都决定了年终奖的发放是不确定的。以年终奖充作 14 薪的年薪算法只是数字游戏，实际情况很有可能是跳槽后薪资基本没有涨幅。

13.2.2 谈薪的错误话术

了解完 HR 在谈薪时常见的套路，再来看看求职者自己主动踩的坑。由于缺乏经验，求职者在谈薪环节常常会走进一些误区。有时是一句话说完，快要到手的 Offer 取消了；有时是一句话说完，原本高薪的工资少了两千元。你可以对照以下话术，看看自己是不是也曾有过这样的时刻：

"这个职位的工资能开多少？五险一金的缴纳比例怎么算？加班费有吗？一年有几次调薪？……"

你会发现，这一串问题发出去之后，HR 不再回复了，或者直接告诉你不适合这份工作。许多求职者把这理解为 HR 的傲慢，但事实上，HR 的工作是为公司筛选合适的求职者，而不是为求职者服务。再加上求职人才众多，HR 在沟通时为了提高工作效率，往往会直接跳过问题过于繁杂的候选人。而且这一连串的问题，很容易被解读为你只关注钱，不关注工作内容、结果。

还有一种很常见的误区，就是在被问到期望薪资的时候，主动表达降薪意愿。例如：

"我都可以。我更看重的还是个人成长和发展。我特别想加入咱们公司。"

许多人在迫切想要得到工作机会时,为了表达自己积极加入的意愿,会做出类似表达。有的人的确是相较于金钱更在意发展,但更多人是太想表达自己上进、很想加入公司。而且网络上的许多话术指导也会告诉大家,作为职场新人要有学习、成长的态度。

这么回答的确可以很好地表达积极加入的意愿,但薪资往往会被压低。

其实,在表达想加入公司的意愿方面并无问题,只是在沟通薪资时,作为求职者,一定不要主动表达"我不在意钱"的想法,因此要避免使用"我都可以""看公司觉得适合给我多少""够我生活就行了"这样的句子。更好的表达方式是,按照准备好的期望薪资告诉 HR 一个数字,报完之后再表达加入的意愿。

我们对比一下以下两种不同的回答方式。

▷ **情景一**

HR:"你的期望薪资是多少?"

面试者:"我都可以。我更看重的还是个人成长和发展。我特别想加入咱们公司。"

▷ **情景二**

HR:"你的期望薪资是多少?"

面试者:"我上份工作的月薪是 8000(元),这份工作希望能到 10000(元)以上。但我还是非常看重个人成长和发展的,我觉得咱们公司就很符合,我特别想加入咱们公司。"

在公司的岗位预算是月薪 9000～11000 元的情况下，情景一的求职者大概率会拿到 9000 元的 Offer，而情景二的求职者大概率会拿到 10000 元的 Offer。

再对比一下以下两种回答方式：

"因为上海生活成本挺高的，所以我希望月薪能到 10000 元。"

"因为我现在每个月房贷有 5000 元，还需要生活，所以我期望月薪最低也要 9000 元。"

城市生活成本高、压力大、房贷高等客观经济因素看起来很合理，但在薪资谈判阶段并无法为你提供任何谈判筹码。因为这完全是从自己的角度出发，与用人公司毫无关系。公司愿意开出更高的 Offer 薪资，只可能是因为你有更高的能力、更多的资源、能给公司带来更多的价值。

因此，想要提高薪资，需要阐述的是"我能创造更多价值"，而非"我需要钱"。例如以下回答：

"相较其他和我有差不多经验的候选人，我的技能更全面。目前岗位要求的工作内容我都可以很好地胜任。所以我希望薪资能有 30% 的涨幅。"

13.2.3 谈薪必问清单

许多人在听完 Offer 后觉得基本满意，期望薪资也达到了，便什么也不再问就选择入职。然而入职后才发现，月薪是包含了每个月的绩效工资的，并且需要经过严格考核才能拿到。又或者入职后才发现，原来的单位里有食堂，新公司并没有，因此每个月多了一大笔开销。看起来工资是涨了，可支配的收入却减少了。

因此在谈 Offer 的阶段，下面这些问题一定要确认清楚，再接受 Offer。

☞ "公司的固定薪水发几个月？"

有些公司在 Offer 阶段提及十三薪或者更多，原本的意思是指每年固定多发一个月或更多个月的工资。它是写进劳动合同的固定薪酬，而非年底多发一个月的年终奖。但现在许多公司把年终奖和十三薪混为一谈。如果听到 HR 提及十三薪或十六薪等，一定要确认是否固定发放，几月份发放。

☞ "这个岗位去年的年终奖发了多少？"

虽然年终奖会因为公司业绩和个人表现有所波动，但同样岗位前一年的年终奖是很好的参考数字。

☞ "月薪包含绩效吗？是每个月固定发这么多工资还是有波动？"

我们可以接受绩效考核薪资，但需要在接受 Offer 前先弄清楚考核规则，而不是稀里糊涂入职后才发现工资变少了。

☞ "社保公积金是按什么基数缴的？"

HR 在谈薪阶段说的都是税前薪资，税后工资需要扣除个人承担部分的社保、公积金，再扣除个人所得税后发放。如果你不确定对应的税后工资是多少，可以请 HR 告诉你。了解税后工资，可以帮助你更好地评估是否接受 Offer。有一些不太正规的公司，会以较低基数缴纳社保，甚至不缴，因此一定要提前问清楚。

☞ "公司除了薪水，还有没有别的福利？"

这是个开放性的问题，每家公司情况不一样。一般只要你询问，HR

都会非常详细地介绍。

☞ "公司加班是发加班费还是调休？"

对于一些工作强度大的岗位，提前了解加班费用可以更好地评估收入。如果对方理直气壮地表示二者皆无，显然该公司不是好的选择。

以上这些问题，HR 一般会在 Offer 谈判阶段跟你详细介绍。在这个阶段，用人公司已经确定希望你加入，你拥有更大的谈判主动权。对于 HR 未能介绍清楚的地方，可以主动询问，一般都能够得到详尽、耐心的答复。

> **Tips**
>
> 这些问题都是在 Offer 谈判阶段询问的，而不是面试阶段。面试时如果 HR 没有主动介绍，你可以暂时按下不提，留待 Offer 谈判阶段再问。在公司尚未确定录用你时，连续追问这些问题不但没有意义，反而会引起面试官的反感，从而影响你的面试结果。

13.2.4 谈薪原则

谈薪的时候一定要做到：不问不说，说就说清楚，立场坚定，把 HR 当作同盟。

1. 不问不说

如果 HR 不向你主动询问期望薪资，那么最好不要主动提及，尤其是要避免连续询问薪酬相关的问题。正常情况下，公司想要录用你，是一定会询问你目前薪资、期望薪资等信息的，不用急着主动告知 HR。如果对方一直不问，那么唯一的原因是——并未打算录用你。

2. 说就说清楚

如果被问及薪资,那么无论是目前薪资还是期望薪资,都要准确回答。

像"我现在一个月大概九千(元),期望下份工作有一定涨幅"这种模糊的表述,一定要避免。更好的回答方式是:

"我现在税前月薪是9500(元),工资部分到手7500(元)左右,公司每个月还有饭补和交通补贴,基本到手是8000(元)出头。"

"我们是'月薪+项目奖金'的发放方式,我月薪是税前8000(元),项目奖金看项目情况,按季度发,去年一年我项目奖金总共发了93000(元)。"

在回答薪资时,一定要先厘清自己目前薪资的具体结构。如果每月是固定薪资,也没有额外奖金,就把月薪报清楚。如果奖金占比较高,并且波动较大,那你可以根据实际情况,选择对自己更加有利的情况,如"我去年的奖金是9万元",或者"我过去三年的平均奖金是每年10万元"。除了工资、奖金,与钱有关的福利,也要在回答目前薪资时主动加进去。

另外,如果持有原公司的股票、期权或其他重要薪酬包的,一定要在谈及薪酬时主动提及。这部分的薪酬通常为数不少,能够很好地证明你是原公司的重要员工。

> **Tips**
>
> 面试前最好先厘清自己当前的薪资结构,包括固定薪资、绩效薪资、奖金、福利、股票、期权等。在进行薪酬谈判时,要选择对自己更加有利的情况准确报出目前薪资。

除了目前薪资，期望薪资也是一样的，需要用数字明确表达。许多求职者会不好意思开口谈钱，被问及目前薪资还好，但一聊期望薪资就羞于谈钱，或者回答一个模糊的区间，这很不利于获得高薪。大家在谈及期望薪资时一定要报出准确的数字，无论是报具体涨幅还是报增长比例都可以，但千万不要玩文字游戏。

公司负责沟通薪资的大多是 HR，而决定 Offer 薪资的人往往是公司高层或部门负责人。所以常见的情况是，HR 与你沟通完期望薪资后，还需要向决策者进行汇报。你只有给出明确的答复，他才能够更准确地汇报。

3. 立场坚定

对于自己期望薪资的底线和报价，要保持坚定的态度。在真实的谈薪阶段，HR 通常会使用他们丰富的经验和成熟的话术，以各种方式来进行压价。在面对 HR 的谈薪攻势时，一定要立场坚定，不要轻易松口。谈薪是一个谈判过程，在谈判时我们要清楚自己的底线，同时要尽量在底线之上尽量多地为自己争取权益。

"我希望下份工作年薪能到 40 万元。"

"我希望月薪的涨幅能有 25%。当然，我目前找工作也不是只看钱，还是非常在意团队氛围和公司未来的发展空间的。"

4. 把 HR 当作同盟

对于"把 HR 当作同盟"这一点，许多求职者都不理解。毕竟面对不停压低自己未来薪水的 HR，很难不把他当作对立者。

> **Tips**
>
> 同为打工人，到了谈 Offer 的阶段，HR 和你一样希望能够快速把 Offer 谈成。毕竟经历了层层筛选，如果你最终不接受公司的 Offer，那么 HR 还需要从头开始，再进行一遍招聘流程。

只要你的期望值不是特别离谱，并且谈判时没有使用很激烈的负面词语，那么 HR 往往都会一边压价，一边在内部积极帮你申请更高薪资的 Offer。你入职了，他的 KPI 就完成了。所以从这个角度看，千万不要在 Offer 谈判阶段把 HR 当作敌人，而是要把他当作盟友。态度转变了，你和 HR 的沟通会更加友好，他才有可能为你提供更多有效的内部信息。

13.2.5 万能谈薪公式

薪资事关接下来好几年的收入，因此对待谈薪要慎之又慎。下面是在整个谈判过程中需要用到的话术公式。

1. 第一轮，期望薪资报价

通过前面内容的学习后，大家应该有了明确的期望薪资底线和报价的数字。在回答期望薪资时，我们要给出明确数字，可以使用这样的结构：

目前薪资 + 期望薪资（+ 原因解释）

准确报出目前薪资和期望薪资的数字后，如果有必要，可以适当解释原因。（尤其是期望薪资的涨幅较高时，最好能解释一下原因。）

各个行业在跳槽时薪资的涨幅略有不同，通常来说，薪资涨幅在

10%～20%之间。细分领域里的求职的人选远大于招聘岗位时，跳槽的涨幅较低，甚至有平跳、降薪的情况。而行业发展迅速、缺乏人才时，涨幅往往会超过30%。如果你的期望薪资涨幅超出了大部分同岗位、同经验的求职者，那么主动解释薪资较高的原因能够让HR更好地理解你，也就更有利于后续谈判。

"我现在税前月薪是6500（元），加上公司每个月的饭补和交通补贴，税后到手是6000（元）左右。我希望下份工作到手能够有8500（元）。因为我上家公司的工资本身对比同行就算偏低的。"

"我现在税前月薪是15000（元），这次跳槽希望能有40%的涨幅。我的技术与其他人相比要全面许多，能给公司解决更多问题，所以也希望能得到更高的回报。"

2. 第二轮，薪资谈判过程的还价

正常情况下，求职者报完期望薪酬后，HR是会压价的。毕竟从降低公司用人成本的角度考虑，HR需要以尽量低的成本邀请候选人加入。无论HR使用何种话术，你都可以使用下面这一公式回复：

表达理解 + 阐述个人优势 + 表达加入意愿 + 再次声明报价 + 请求协助

例如，下面根据公式整理的回复：

"理解。但我在这个领域已经有5年工作经验了，也特别擅长Java开发。相信我在未来可以给公司带来更多的价值。我真的很想加入咱们公司，不管是这个岗位的工作内容还是公司平台，我都特别满意。如果月薪能够到32000

(元),这个 Offer 我肯定就立刻接了。能麻烦您帮我再申请一下吗?"

先表达理解对方说的压价因素,再阐述自己的优势,强调个人价值。阐述的重点是表达自己为什么值得这么多的工资。

阐述自我价值后,可以表达积极加入的意愿。在表达想要加入公司时,可以使用程度较深的形容词。毕竟我们希望最终 Offer 能够谈成,因此要避免因为谈钱而把 Offer 聊崩了的情况。

在结束回答前,最好再次以准确的数字表明期望薪资,同时要表达希望 HR 能够协助沟通。

> **Tips**
>
> 谈薪时的沟通可能不止一轮。通常职位层级越高、薪资越高的情况下,Offer 薪资谈判阶段的耗时就越长。

然而,对于初级岗位,可能经过一次这样的回答,HR 就会给出最终的薪资:"我们能够给到的最高工资就是 6000(元)一个月,你能接受吗?"

然后你要根据对方的语气和用词判断是否还有再争取的空间。

在这个过程中,HR 基于公司立场会尽力压低薪资,求职者基于个人利益会努力争取更高的报酬。只要求职者在沟通过程中保持诚恳的态度,积极表达加入意愿,避免过于绝对化的用词,薪资都有可谈的空间。

3. 最终轮,谈判破裂 / 达成一致

经过谈判拉扯,最终定下来的 Offer 很可能比你的报价略低一些。但你在最初报价时,已经在期望薪资的基础上做了上浮调整。因此,对于 Offer 的薪资一般是能够欣然接受的。即使无法接受,也要尽量礼貌拒绝。

在接到最终 Offer 时，表达公式如下：

表达感谢 + 考虑时间

接到 Offer 后，要先对 HR 表达感谢，尤其是在准备接受 Offer 的情况下。之后无论是做出接受 Offer 还是拒绝 Offer 的决定，都要告诉对方会在何时给出答复。许多 HR 也会明确要求你，需要在什么时间之前答复。当然，如果你对 Offer 非常满意，也可以当下立刻接受。但给自己预留一点考虑时间，有利于你做出慎重的决定。

第 14 章

别让到手的 Offer 飞了

　　HR 听完张小白的期望薪资和解释后，答应帮他在内部再申请下，有结果后与他联系。之后，HR 话锋一转，问他："你现在手头有别的 Offer 吗？"

　　张小白有点犹豫，这个问题需要说实话吗？如果直说还有别的 Offer，现在这个 Offer 会不会就被取消了？如果回答没有 Offer，又好像在说自己没有其他选择，薪资谈判的空间可能也会受到影响。迟疑了两秒后，张小白还是回答了"有的"。于是收到了一连串更加详细的追问：

　　"有几个 Offer 呀？"

　　"是哪家公司呢？"

　　"他们给你多少钱呀？"

HR 问有无 Offer 的原因

求职者常常被问及是否有其他公司的 Offer。张小白在第一次听到这个问题时，是在意料之外，感觉很惊讶，不知如何作答。被问得次数多了之后，虽然不再感到惊讶，但对于这个问题的答案却依然没有把握。究竟要怎么答，才能够既增加自己的谈判筹码，又不让快要到手的 Offer 飞走呢？

HR 在提出这个问题时，并没有像提其他面试问题那样隐含了诸多考察点。这个问题代表的就是它的字面意思，即 HR 想了解你现在有无 Offer、有几个 Offer、是哪家公司的 Offer、薪资岗位都是什么情况。了解这些信息后，能够帮助公司更好地决定，在将要给你发出的 Offer 中开出何种条件。

劳动关系的本质是经济关系，由公司付费购买劳动力。但劳动力不像其他标准化的商品，其价格的确定具有很大的主观性。公司在做出发放 Offer 的决策时，需要了解求职者多个方面的信息。这也是为什么大家在招聘网站上看到的薪资都是区间值，而不是一个确定的数字。在这个薪资区间内，公司会综合分析你面试时的表现、其他求职者的表现、你的期望薪资、其他影响等诸多因素，然后确定给你的最终 Offer 条件。

> **Tips**
>
> HR 会评估自己公司的 Offer 与求职者手中其他的 Offer。如果求职者现有 Offer 里已经有各个维度都超越 HR 公司所开出的条件，那么 HR 很有可能会内部建议取消 Offer，或者一边和你谈判，一边加急继续面试其他求职者以作为备选。

如果你目前没有任何其他 Offer，HR 的公司在做出决策时就不需要考虑这一因素。大概率会根据你的面试表现，按照你的期望薪资下限发出 Offer。但如果你告知对方，你现在有另一个 Offer，并且开出了极高的工资。那么 HR 可能会为了争取让你加入，而开出更高薪资的 Offer，也有可能因为明确知道你不会选择自己公司而取消 Offer。

14.2 有无 Offer 的应对话术

关于有无 Offer 的问题，可以不带任何技巧地实话实说，但大概率不会增加你在 Offer 谈判阶段的优势，甚至可能会让本来快要到手的 Offer 飞走。为了增加你在谈薪阶段的筹码，本节会依次列出关于这一问题的不同情况，以及对应的话术。

1. 没有 Offer

这种情况很常见。这种时候并不建议直接回答"没有"，尤其是对于目前处于离职状态的求职者。因为这样回答就意味着你没有其他选择，有可能接受更低的薪资，因此 HR 往往会压低你的薪酬。

但我们的确没有其他 Offer，如果撒谎，一旦 HR 追问细节就很容易被拆穿。撒谎显然不利于促成 Offer，因此我们这时可以有技巧地用"接近 Offer 阶段"来巧妙回答：

"还没有，但有两家都到最后一轮了，应该这周就要谈薪了。"

如果 HR 追问是哪家公司，你可以回答：

"公司名字我就不说了，毕竟还在谈。"

2. 有 Offer，但对这个 Offer 有明确不满

若对其他 Offer 有不满的地方，而目前在谈的公司刚好可以满足，就可以如实回答，并且详细说明原因，回答结构如下：

有＋描述对 Offer 不满的地方＋阐述个人意愿

"有的，XX 公司给了我 Offer。但他们的岗位只对采购流程跟进，基本不涉及和供应商的直接谈判。所以我现在还没有接他们的 Offer。我还是希望自己未来的发展能更全面，想多和供应商打交道。"

这样回答的前提是，你通过职位介绍和面试，非常确定正在沟通的这家公司的工作内容包括了"和供应商打交道"。这样既能够表达出自己的能力已经得到其他公司的认可，有其他选择，也很好地表明了你有清晰的职业规划，对当前公司有积极的加入意愿。如果 HR 追问 Offer 薪资等细节，如实回答即可。

3. 有 Offer 但想多做对比

求职时由于是集中面试，可能会同时接到好几个 Offer，但每个 Offer 各有不同的优缺点。也许是工作内容，也许是工作地点，也许是其他因素，总有一些不那么尽如人意的地方。如果尚未接受 Offer 的原因是想再碰碰运气，看看能不能有更好的选择，那么回答的结构与前一种情况类似，只是需要弱化对已有 Offer 不满的描述，增加"综合考虑"的部分：

有 +（弱化）描述对 Offer 的不满 + 阐述个人期望 + 综合考虑

"有的，XX 公司给了我 Offer。他们的岗位主要侧重于对采购流程的跟进。如果未来有机会，我想多和供应商打交道。但找工作肯定是综合考虑的嘛，最后做选择肯定会综合考虑各方面因素的。"

之所以在前一种状况的基础上弱化表达对 Offer 的不满，是因为不确定当前公司是否能够满足期望。

如果表达得太过具体，而当前沟通的岗位也无法满足期望，就会导致自己失去现在这个 Offer。所以在说清楚求职时最期望的点之后，也需要表明自己会综合考虑的态度。这里的个人期望点不一定是工作内容，也可以是职级、薪酬、工作地点、团队氛围等任何你较为在意的因素。

> Offer 谈判阶段，如果不确定当前公司是否能够满足你的期望，就不要将不满表达得太过具体。

4. 和梦想加入的公司进行 Offer 谈判

有时会遇到格外心仪的公司，这时无论手头是否有其他 Offer，你都可以按照这个结构来回答：

有同类型/岗位公司 Offer+表达积极加入的意愿+想要加入的原因

"有的，也是一家外资做医疗器械的公司，给我的是商务助理岗。但我还是特别想加入咱们公司，因为我们公司这几年的增速非常快，我想要在快速发展的公司工作、成长。而且之前和 Steve 面试的时候聊得非常深入，我觉得他是一个很好的上司。"

表达自己有同类型、同岗位的 Offer，是在表明自己的能力已经被人才市场验证过了，已经得到了其他同类型公司的认可。但是最好不要明确说出公司名称，以免因为同行业内的竞争、合作、人脉等因素影响已有 Offer。

即使 HR 追问，也可以坚持称"不方便透露"，对这一问题的模糊回答不会影响谈判结果。然后表达想要加入心仪公司的意愿，描述想要加入的具体原因，让 HR 明确感受到你的诚意。只要薪资底线不松口，积极加入的意愿对 Offer 谈判百利而无一害。

选择更优的 Offer

经过了四个多月的努力，张小白最终收获了三个 Offer，每个 Offer 各有利弊。他当然对薪资最高的那个 Offer 感到心动，因为没有人会拒

绝更高的收入。但他也想知道,哪一个Offer才是更好的选择。

着眼于整体职业发展和长期赚得更多,什么样的工作才算好工作呢?

本节我们就和张小白一起面对Offer的选择。当好几个岔路口出现在面前时,究竟应该用何种标准进行衡量,做出对自己更加有利的职业选择呢?

14.3.1 了解基本保障

谈到好工作,首先需要了解的就是工作的基本保障——"五险一金"。许多人工作多年,也只是模糊地知道必须缴纳"五险一金"。但"五险一金"到底是什么,对自己有多大影响,恐怕没有多少职场人说得清楚。还有许多职场新人会下意识地将工资等同于收入,但真实的情况是,每月实际到账 = 税前工资 – "五险一金"个人部分扣除 – 个人所得税 + 福利。

"五险一金"具体是指:养老保险、医疗保险、生育保险、失业保险、工伤保险和公积金。平时我们常说的"社保",即"五险"的统称。按照我国劳动法的规定,只要是正式签订劳动合同的员工,公司都必须为其缴纳"社保"。即使某些企业与员工签订了自愿放弃缴纳等文书,也是无效的。而实习或兼职形式,是无须缴纳"社保"的。

"五险一金"的缴纳是由公司和个人共同承担的,以员工每个月的工资为基数,按照一定的比例按月缴纳。

公司承担缴纳的"五险一金"部分是工资以外另计的,由公司按月缴纳。个人承担缴纳的部分则按月从员工的工资中扣除。平时我们说的"税后工资"不仅是指扣税之后,也包含扣除个人承担的"五险一金"部分。

每个城市的缴纳比例略有不同,每年也可能略有调整。以下数据举例以 2024 年上海的社保、公积金缴纳政策为参考(见表 14-1),帮助大家了解"五险一金"的构成。

表 14-1 公司与个人承担的"五险一金"缴纳比例(上海)

缴纳项	公司承担(基数:月工资)	个人承担(基数:月工资)
养老保险	16%	8%
医疗保险	8.5%	2%
生育保险	1.5%	0%
失业保险	0.5%	0.5%
工伤保险	1% ↑↓	0%
公积金	7%(+5%)	7%(+5%)

1. 养老保险

与养老保险最为相关的是未来的退休金。按照我们国家现行政策,需要在某地累积缴纳满 15 年社保后,在当地退休才能领取退休金。但养老保险并不是个人账户存取,而是公司和个人缴纳的部分统一由国家统筹调配。员工当下被扣除的 8% 工资,暂时是看不见摸不着的。

2. 医疗保险

工作后员工会有自己的医保卡,有些地方会直接使用社保卡或身份证。在公立医院和部分私立医院看病可以使用医保，指的就是使用缴纳的医疗保险。但需要注意的是，个人医保卡上的金额，是每月从你工资里扣除的 2% 工资。公司缴纳的 8.5% 工资基数的医疗保险金是不会直接进入你的个人医保卡的，而是进入社会统筹的大病医保账户，如果有大病重疾、住院、急诊抢救等，可以按比例报销。

3. 生育保险

生育保险完全由公司缴纳，个人不用承担。生育保险不分男女，均有扣除。女性员工在生育后，可以根据当地政策申请领取生育津贴。需要注意的是，如果是在离职状态时生育的，那么即使之前缴纳过生育保险也是无法领取生育津贴的。

4. 失业保险

关于失业保险，公司与个人各承担 0.5%。失业保险参保 1 年以上的，如果遇到了失业的情况，就可以申请领取失业保险。

5. 工伤保险

不同的行业缴纳的工商保险比例不同，相对危险的行业工伤保险的比例会更高。一般公司承担的部分在 1% 左右，个人不承担。如果发生工伤事故，那么可以凭借工伤认定等申请领取。

6. 公积金

与公积金相关的是买房、租房。上海较为常见的是公司和个人各自承担 7%，福利较好的企业会额外有补充公积金，最高可补充缴纳 5% 的比例。与社保的统筹管理不同，公司和个人缴纳的所有公积金均按月直接进入个人的公积金账户。因此某些公司补充缴纳 5% 的公积金，看似导致员工每月的扣除变多了，但实际上扣除的部分直接进入了员工的个人公积金账户，并且公司也会多帮员工缴纳 5%。这是较好的福利。

在评估 Offer 时，公司拒绝缴纳"五险一金"的，需要慎重考虑。在折算税前、税后薪资时，最需要问清楚的是缴纳比例和是否有补充公积金，这两项极大程度地关系到税后到手工资。

14.3.2 三个维度评估跳槽

正式讲解之前，我们先学习一个新名词：Deal Breaker（绝不可能因素），即你绝对不能接受的因素。

面临 Offer 选择时，我们可以在排除 Deal Breaker 后，再从三个维度来评估值不值得跳槽。

一个 Offer 哪怕它其他方面再好，只要存在绝不可能因素，你就不可能接受它。举个例子，对于特别在意个人时间的人，长期 "996" 就是绝不可能因素；需要每天照顾孩子的人，高频出差就是绝不可能因素。个体情况不同，"绝不可能因素"也无好坏之分，但我们需要提前思考自己的"绝不可能因素"。因为当真实的 Offer 摆在眼前时，我们很容易因为它的优势而忽略那些无法接受的地方。一旦接受 Offer，可能就要面对长期的后悔和要不要再次跳槽的矛盾。

> **Tips**
>
> 在投递简历时就想好什么是自己绝对不可能接受的，带着对自己的明确认知，从投递简历和面试阶段就逐步把不符合自己期望的工作过滤出去。在有 Offer 机会时，也要先过滤掉绝不可能因素。

1. 平台

在面临 Offer 选择时，除了公司规模，也需要考虑公司在细分领域内的市场地位、公司品牌影响力。可以综合对比分析一下，相较于当前工作，新工作机会的平台发展是处于上升趋势、下降趋势，还是处于原地踏步的状态。

2. 职级

虽然许多行业或小公司为了招募人才，会给出虚高的职级名称，但对于职场人来说，从"专员"到"经理"、从"经理"到"总监"显然是不错的职级提升。

3. 薪资

对比自己期望的薪资涨幅，看看这份工作给你的涨幅是高了还是低了。某些时候，甚至还会面临平跳或降薪的情况。跳槽评估时，薪资比最低期望涨幅更高才能算合格。

这三个维度中至少要有一个明显增长，才值得考虑跳槽。如果只是单纯因为当下工作较为煎熬，想要换个环境，那么至少要拿到在其中一个维度明显有增长的 Offer 再做考虑。跳槽一定是有风险的，你无法保证未知的公司和工作内容不会让你煎熬。所以，一定要在某一维度上得到职业的实质发展，这样在未来面临煎熬时才可以更好地调整心态。

14.3.3 多角度评估 Offer

通常从前面提供的三个维度进行比较，就可以得出是否接受 Offer 的结论。但有些时候，比如，张小白此刻接到的三个 Offer 均有两个维度的增长，各有利弊。为了更好地做出决定，张小白可以增加评估角度，利用表 14-2 更加系统、详细、客观地对 Offer 进行评估。

表 14-2　Offer 选择评估表

评估项	公司平台	薪资	岗位前景	行业前景	汇报对象	企业文化	生活	加权得分
权重	10%	30%	20%	10%	15%	5%	10%	
Offer 1								
Offer 2								
Offer 3								

注：表格中的各项权重仅供参考。

在进行 Offer 评估前，你需要先思考各项因素对自己的重要程度。然后根据实际在意的程度分配比例，确保评估角度的权重总和是 100% 即可。权重分配完毕后，对每个考察角度进行 1～10 分的打分，1 分最低，10 分最高。

"公司平台"越好，"薪资"越高，在求职时都很重要。但是除了当前的薪资，也需要关注长远的薪资增长速度和职业前景。

"岗位前景"除了职级能提升，也包含工作方面的个人成长、未来可能的发展方向。在评估该项时，建议更多地考虑岗位的上升空间与天花板。

"行业前景"是需要重视的一项,选择工作时应尽量避免选择夕阳行业。毕竟个人的发展增速相较于行业来说是极小的,加入快速发展的行业,可以大大提升个人职业发展的速度。

"汇报对象"其实也很重要。企业中层岗位的汇报对象往往是企业的管理层,他们的业务思路、汇报思路决定了中层在这家公司的职业天花板。对于基础岗位来说,好的上级会帮助你更快地成长。

"企业文化"是许多人会忽略的因素,有的人是觉得不重要,另外一部分人是不知道如何评估。但实际上,好的企业文化对长期做好一份工作来说较为重要。评估的方法也很简单,你在面试时的体验,和面试官、HR沟通的舒适度,就是很好的评判标准。如果在面试时已经感觉不适,入职后这种不适感只会成倍增加。当然,如果你的确觉得企业文化对你而言不那么重要,那么可以将权重设置为0%。

"生活"项包括各个会影响生活质量的细节,如通勤时间、工作时长、年假天数、是否出差等,这些因素并不会影响你的职业发展,但密切关系到你的日常工作舒适度。你可以根据自己的在意程度设置它的权重并对它进行评分。

分数填写完毕后,用各项得分乘以它们的权重,最终求和,就可以得到各个Offer的加权得分。比较得分的大小,就可以做出选择了。

最终确认 Offer

历经层层考验和慎重选择,张小白终于选定了工作。和 HR 确定完薪资后,HR 告诉他:"稍后帮您去申请 Offer 流程。"

张小白有点困惑,HR 与他沟通时已恭喜他通过了面试,而且确定了薪水等一系列细节问题,他连 Offer 都比较完,准备接受了,怎么流程才开始呢?

14.4.1 确认 Offer

确认 Offer 时最先需要确认的就是,你收到的 Offer 是口头的还是书面的。有部分 HR 为了吸引候选人,在 Offer 谈判阶段先"画饼",但最后根本落实不了。

> **Tips**
> 许多人会把 HR 口头或微信沟通的信息当成是收到 Offer,但这并不准确,也无法完全代表公司意愿。尤其是许多 HR 进行薪资谈判之前会以恭喜通过面试为开场语,许多求职者会误以为这就是正式 Offer 了。真实情况是,HR 在沟通中关于 Offer 的表达属于录用意向,并不意味着确定录用。

正式的 Offer 是书面的,是有公司盖章的纸质文件或通过公司邮箱发送的电子版录用通知书。不管是纸质 Offer 还是电子版 Offer,只要收到其中一种,才能算作收到公司的正式 Offer。一份正式的书面 Offer 通常包括岗位职级、薪资信息、劳动合同信息、入职所需材料等，也包括你需要在何时确认接受或拒绝。

Offer通常会以如下方式呈现。

Offer Letter

尊敬的 ___先生/女士___ ：

非常荣幸地通知您，由于您出众的专业能力和优秀的综合素质，已经通过公司的面试考核。您将入职公司 _____ 部担任 _____ 职位，我们对您的加入表示热烈的欢迎！

一、请您于 ____ 年 ____ 月 ____ 日，到 _____ 办理入职手续。

二、请您在办理入职手续时，提供以下资料：

1. 居民身份证原件；

2. 最高学历证书及学位证原件；

3. 专业技术职称证书原件、职业资格证书原件、上岗证书原件（如有）；

4. 上家公司离职证明原件或退工单；

5. ××银行储蓄卡（用于工资发放）；

6. 正规三甲医院出示的入职体检报告（可入职一个月内提交）；

7. 上海户籍劳动手册原件。

三、薪酬福利 & 合同期限

1. 您所属岗位税前薪资为¥ _____ 元/月 *13，包含¥ _____ 元/

月基本工资+¥_____元/月绩效工资。试用期税前薪资为¥_____元/月，包含¥_____元/月基本工资。

第13个月月薪根据当年实际工作月数比例，于次年1月发放。

2. 该职位劳动合同期限：自_____年_____月_____日起至_____年_____月_____日止，共_____年。其中试用期为_____个月，试用期满并考核合格后转正。

3. 公司将根据上海政策缴纳五险一金、带薪年假等各项福利，详见公司规章制度。

4. 工资属于公司商业机密，请勿泄露。

四、本入职通知有效期截至_____年_____月_____日_____时，超过时间未接受Offer，视为自动放弃。

五、收到本Offer后，请以邮件方式回复确认。

××公司

人力资源部

年　　月　　日

备注：

以上薪资信息属公司机密，严禁相互询问、讨论或传播，违反本规定者一经发现，公司有权撤销本聘任书，终止聘用或解除劳动合同。

公司有权核实您到我公司求职过程中提供的所有材料的真实性、完整性及合法性，如发现与实际情况有矛盾或不符之处，或与法律

法规或公司的相关规章制度相悖的，公司有权随时决定不予录用，相关责任和后果应由您自负。

确认签字：＿＿＿＿＿＿＿＿＿＿＿＿＿＿

身份证号码：＿＿＿＿＿＿＿＿＿＿＿＿＿

日期：＿＿＿＿＿＿＿＿＿＿＿＿＿＿＿

确认收到书面 Offer 后，首先需要核实岗位职级是否与招聘的岗位一致，其次需要核实薪资信息。薪资方面需要重点避坑的地方如下。

（1）月薪（基本薪资、绩效薪资、提成、奖金）。

不同公司岗位的薪资结构是不一样的，需要确认自己的岗位薪资是固定薪资还是包含了绩效，如果包含绩效，就要确认绩效工资发放的条件。如果有提成，那么提成比例、提成发放规则也都需要核实并确认。关于奖金，需要确认清楚奖金的发放条件和规则，是否递延。例如，金融行业的许多公司的奖金会递延至次年发放。

（2）固定薪水发放月数。

有许多大厂会宣传自己是 13 薪甚至 16 薪，在 Offer 谈判时也会用月薪乘以这个基数来进行年薪的谈判。但其中有些是真实的，有些是用年终奖混淆视听的。例如，真正的 16 薪是指固定薪资每年发放 16 个月，超出 12 个月的部分，会在劳动合同中明确约定发放时间和金额。"去年年终奖发了 4 个月工资"并不能视为 16 薪。因为年终奖并不是必须发放的，去年有年终奖今年不一定会有，别人有你也不一定有。因此一定要确认清楚公司的固定薪资发放几个月，超过 12 个月的部分是在何时发放,是否有发放限制。

(3)"五险一金"缴纳比例。

有些小公司会以各种理由少缴或漏缴"五险一金"。从劳动法的角度看,这是不合法的。作为劳动者,我们要尽量保障自己的合法权益。有些公司会巧立名目,要求员工主动签署自愿不缴纳社保的文件,需要慎重选择。

(4)有无福利。

常见的按月发的福利有住宿补贴、车补贴、饭补贴,有的公司还会有免费食堂和员工宿舍。如果公司有与现金相关的福利补贴,最好也确认是否在Offer上有体现。有相当一部分公司的Offer并不体现福利部分,这种情况与HR再次确认即可。

关于以上各项,均要确认与之前口头的沟通保持一致。如果有疑问,一定要及时向HR询问清楚。有一些公司在Offer上不会写明薪资信息,或者某些之前提及的内容在Offer上未能体现。这种情况最好能通过邮件或微信,将之前谈好的薪资条件与HR进行文字确认,话术参考如下:

"李经理你好。很开心收到公司的Offer,但我看Offer上没有写薪资情况。我想确认下,我的月薪是咱们之前谈的固定每月15800元吗?每年发13个月,年底双薪+年终奖另算,是吗?"

"李经理你好。很开心收到公司的Offer,但我看Offer上没有写福利情况。我想确认下,我是每月固定有500元车补贴,按月和工资一起发放吗?"

"李经理你好。很开心收到公司的Offer,但我看Offer上没有写社保缴纳情况。我想确认下,我的社保是按照工资基数缴的吗?"

这些都关系到接下来好几年的收入，千万不要因为一时的犹豫或羞于开口而损害了自身利益。

（5）接受和违约条款也很重要。大部分Offer是不包含违约条款的，只会要求你在某一时间节点之前确认接受。但也需要警惕，某些公司会设置Offer违约条款，如违约需要赔偿××金额。在确认接受Offer前一定要看清楚。

确认以上信息均无误且可接受后，就可以愉快地接受Offer了。

14.4.2 接完Offer后悔了怎么办

刚接完Offer，张小白就后悔了。他忽然觉得，也许另一个Offer更好。他想知道，自己还可以改变决定吗？

这种情况在真实的求职中时有发生。有些人刚接完Offer就开始后悔，也有些人是收到了更加理想的Offer后开始犹豫。已经接受了的Offer还能反悔吗？如果反悔，会有什么后果呢？

想要改变决定，就需要先确认已经接受的Offer是否有违约条款。如果违约惩罚较为严重，就需要评估是否可以承担后果。少数公司会约定接受Offer后再毁约需要承担赔偿金。如果是应届毕业生已经签订完三方协议，那么对Offer反悔的话不仅会涉及公司，也需要和学校辅导员进行再次沟通等。如果没有违约条款，那么接受Offer后再取消，是没有法律后果的。

虽然没有法律后果，但从职业道德的角度来说，接完Offer又反悔是会带来一些负面影响的。

首先，直接的影响就是发出 Offer 的公司，现在由于你的反悔需要重新启动招聘流程，你给这家公司带去了麻烦。许多公司会对发了 Offer 但被拒绝的候选人设置一定时长的冷冻期，例如，在未来两年内不再考虑录用这位候选人。也有的公司，在简历库内做了标记后，对这个类型的候选人就永不录用了。在反悔的同时，基本也就相当于拒绝了未来加入这家公司的可能性。当然，许多人在做出反悔决定时，未来对这家公司可能也不做更多考虑了，所以这点影响并不大。

其次，由于求职者这一行为给 HR 的工作带去了麻烦，因此可能会受到一些职业素质较差的 HR 的打击报复。例如，通过同行业的 HR 交流渠道，对求职者反悔 Offer 的行为进行大肆宣扬。某些行业壁垒较高、细分领域属性较强，求职单位可选择性较少，可能就是几家公司之间相互跳槽。这种情况下得罪其中一家公司或得罪它的 HR，显然对于职业长期发展是不利的。

最后，从个人的职业道德角度来说，接完 Offer 又反悔的确是未能兑现自己做出的承诺，对个人的影响也不好。

> **Tips**
>
> 虽然没有法律后果，但是反悔 Offer 的行为会给别人带去负面影响。因此无论是从维护个人声誉的角度，还是从道德品格的角度考虑，在做出反悔 Offer 决定时，都要和 HR 进行真诚的沟通并致歉。

如果害怕电话里沟通尴尬，那么你可以通过邮件或微信等，按照以下格式做出关于反悔 Offer 的解释。

表达拒绝＋（解释原因）＋表达致歉和谢意

"经过再次考虑，我还是决定拒绝 Offer。这个职位对我来说还是太基础了，不那么符合我的期望。但还是特别感谢您帮我争取更高的工资，抱歉给你们添麻烦了。"

如果是因为一些客观原因，如不满意工作内容、薪资低或者福利待遇不够好等，可以在拒绝的同时再解释下原因。也许用人公司在收到你的明确拒绝后，愿意做出让步。但如果是因为接到了更好的Offer，并且很明确想要加入另一家公司，那么建议只表达歉意和谢意就好，不需要再多做解释。

真诚的道歉也许不会被接受和理解，但起码表明了我们诚恳的态度。改变Offer的决定是基于对更好的职业发展的期望。我们也需要对这一选择进行自省，了解是什么原因让自己最初接受了Offer，又是什么原因让自己最终做出反悔的决定。从这次的经历和沟通中吸取教训，以便在未来的工作中做出更加理智、合理的职业决策。

第 15 章

关于新工作的最后准备

发出确认接受 Offer 的邮件后,张小白长舒一口气,历时四个多月的求职终于有了不错的结果。但邮件发出不久,他收到了 HR 的邮件。

张小白您好:
　　欢迎加入 ×× 大家庭!
　　公司将于两周内对您进行入职前的背景调查。如果同意进行背景调查,烦请提供以下信息,以帮助我们更好地进行核实:姓名;身份证号码;毕业/学位证书编号;最近两份工作经历的直属上司与 HR 姓名和电话;最近半年的银行流水或薪资证明。
　　请确保您在我司求职过程中提供的所有材料的真实性、完整性及合法性。如拒绝背景调查,或背景调查过程中发现与实际情况有矛盾或不符之处,或与法律法规或公司的相关规章制度相悖的,公司有权随时决定不予录用。
　　感谢您的支持与配合!期待您的加入!

　　　　　　　　　　　　　　×× 公司 李小甜

背景调查

张小白对收到的确认接受背景调查的邮件感到很惊讶，第一次跳槽的他，不太确定提供这些资料是不是必要的。他既害怕个人隐私的泄露，也担心万一背景调查没有通过，不知道该怎么办。

15.1.1 能否拒绝背景调查

许多求职者在第一次听到背景调查时，都会产生两个疑问：这是正常的吗？我可以拒绝吗？

在入职前就要求提供大量个人信息，这样的背景调查看起来不那么合理，但却是正规且合法的，也是许多大型企业在招聘人才时都会有的流程。因此，在制作简历和面试回答中都不要作假。

> **Tips**
> 公司越正规、职级越高，背景调查往往越严格。作为求职者，拒绝背景调查一般会直接导致公司取消 Offer。

既然背景调查是正常的招聘流程，简历和面试中我们也没有作假行为，那么完全没有必要拒绝背景调查。

背景调查一般包括对违法犯罪记录、信用记录、教育背景、工作经历、薪资与其他相关信息的核实调查，目的是在入职前确认员工的诚信、安全性和潜在风险。

（1）关于违法犯罪记录和信用记录，可以经求职者授权后直接通过身份证号码查询。许多公司会拒绝录用有违法犯罪记录的求职者，也有部分公司会拒绝录用个人征信有问题的求职者。这么做主要是为了避免潜在的用工风险。

（2）关于教育背景，主要是通过学信网核实毕业证书的真实性。许多职位在招聘时都会要求学历和专业，录用的前提就是教育履历真实。

（3）关于工作经历的核实，主要是通过电话沟通的方式，与求职者过往工作中的上级、HR进行沟通，有些公司也会要求和平级、下属进行沟通。通过系统的询问和交叉比对，确认求职者在面试中关于薪资、职级、工作内容、工作成果、能力等方面的叙述是可信的。

（4）关于薪资的核实，一般是通过银行流水或盖有上家公司公章或人事章的薪资证明。跳槽时的薪资往往是基于求职者自述的上一份工作的薪资来调高的。因此需要在正式签署劳动合同前，确保求职者自述的薪资没有虚报。

（5）也有一些公司需要求职者在背景调查时提供其他信息，如家庭状况、个人情况等。大家可以根据个人的实际情况斟酌，如果有疑问，可以询问HR进行该项背调的目的。如果对于某一个单项有疑问，可以尝试与HR沟通，取消该项背调或做特殊处理。但对于背景调查本身，如果是公司固定流程，建议不要拒绝。

15.1.2 背景调查中的注意事项

为了避免背景调查出现问题，我们首先需要确保的就是简历和面试

中所述信息的真实性。

在撰写简历和面试沟通的过程中，我们一定要遵循的大原则是：可以省略，可以美化，但不能编造事实。

如果你的过往经历中有一些会给本次求职减分的经历，那么可以不在简历中填写，面试时也可以不主动提及。你也可以为了让自己看起来更加优秀而美化工作内容，但不能够编造原本不存在的事实，更不可以篡改经历。

如果张小白曾经有一段只在职一个月就被开除的工作经历，他可以选择在简历和面试中都不提，但他不能直接把这一个月的时间合并入上一段工作经历里。前者属于省略，而后者则是编造事实。

另外还需要注意的是，省略的工作内容，如果被正面问到，例如，"你这一个月在做什么？"那么也是需要如实回答的，否则在背景调查中都会被归为"履历不真实""面试作假"。没有被正面问及的内容，如果只是省略，即使在背景调查时被核实出，也可以解释为"我觉得这段经历不太重要/与工作没有关系，就没有写进简历里"。

确保了个人信息和面试中所述信息的真实性后，背景调查的另一个重要部分就是对工作经历的核实。

> **Tips**
>
> 用人公司会由 HR 或第三方背景调查公司致电你提供的过往工作经历中的上级、HR 等，与他沟通并核实你的工作经历。所以一定要在提供联络人的联系方式之前，提前与他们进行沟通。

不同公司背景调查的细致程度不同，有些公司询问问题是较为细致、耗时的。配合背景调查的联络人如果有不耐烦的情绪，或者本身对即将入职新公司的候选人有负面评价，那么对背景调查的结果是会有负面影响的。所以最好在提供联络人的姓名、电话之前，先确认对方愿意积极配合背景调查，这样才能够保证沟通结果是较为正面的。关于入职/离职时间、岗位名称、职级等关键信息，也最好在进行背景调查之前，跟联络人再次确认，以免因为时间久远记忆模糊而影响调查结果。

薪资信息一般只需要提供真实流水或薪资证明就没有问题。对于个人隐私较为介意的，可以在打印或截屏银行流水时只显示收入，不显示支出。公司要求提供近半年的银行流水只是为了核实之前的薪资收入，没有支出项并不影响调查结果。

在背景调查过程中，和 HR 保持沟通也很重要。因为背景调查核实了方方面面，有时难免会有遗漏或者有引起用人公司疑虑的地方。如果 HR 表示背景调查结果有问题，那么你便可以第一时间询问具体哪里有问题，并提供辅助的解释。在这一阶段，HR 对求职者的态度已经是"即将入职的未来同事"，一般都会积极沟通并提供协助。

最后，出于对个人隐私的保护，在确认同意为背景调查提供相关信息时，可以标注"仅供××公司背景调查使用"，也可以要求 HR 在进行背景调查时低调些。

总之，大家不用过于担心背景调查，它只是部分公司招聘流程中的一个环节，诚实面对，平常心对待即可。

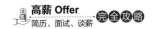

入职准备

张小白在接受了背景调查后，终于等来了入职时间。明天即将进入一个新单位，开启新的工作，他心里既期待又紧张。那么，入职有什么需要提前准备的吗？

15.2.1 入职材料准备

大部分公司会在 Offer 里明确告知入职时需要携带哪些材料，但也有一些公司不会明确列出。本节介绍的准备清单分为两个部分：入职需要带的材料清单和能够帮助你更好地完成新工作的清单。

入职时需要准备的材料，有一部分是公司需要查看原件后留下复印件的，一般在入职当日提交。HR 的同事会在检查并复印后归还原件，这一部分资料包括：居民身份证原件、第一学历证书及学位证原件、最高学历证书及学位证书原件、专业技术职称证书原件、职业资格证书原件、银行卡等。

还有一部分材料，公司会直接收取并保管，如上家公司离职证明原件或退工单、入职体检报告、劳动手册等。大部分公司会要求员工在入职时提供体检报告，有些公司会承担员工体检的成本，也有些公司是由员工自行承担。

部分地区需要提交特殊材料，例如，在上海工作，上海户籍的劳动者必须在入职时交出劳动手册,离职时再由公司归还。入职前如果不确定需要准备哪些材料,可以询问 HR。当然,若部分材料不齐,一般在入职后一个月内补齐都是可以的。

入职时除了公司要求携带的材料,也可以将 Offer 打印出来或者随身携带电子版,便于在签订劳动合同时比对细则。

除了办理入职手续必需的材料,以下非必需品也能够帮助你更好地开展下一份工作,建议在入职当天随身携带。

(1)上份工作中使用的资料文档。工作内容一般都有延续,你在过去的工作中积累的表格、文档、材料,很有可能在新工作中派上大用场。在入职前对过往工作进行梳理,并将重要的职场文件进行归档整理,分门别类地存进 U 盘或者云盘。随身携带它能够让你在未来的工作中节省大量重复工作的时间。

(2)习惯的办公用品。在工作中大家都有自己的工作习惯和惯用物品,如常用的笔记本、App、文具等,也有些人会习惯使用自己的电脑、鼠标。对此你可以按照自己的工作习惯,随身携带这些工作用品。水杯等私人用品最好也在入职第一天就带上,因为公司发放的办公用品一般不包括私人用品。

(3)服装准备。有些公司会要求较为正式的着装,如有必要,可以在入职前进行采购。对于没有着装风格要求的公司,穿着干净、得体即可。

提前准备好以上物品,可以让你在入职第一天心态更积极,行事更稳健,避免手忙脚乱。入职并不是一次求职经历的结束,至少在刚入职时还不是。本着对自己职业生涯负责的态度，在完全陌生的公司和工作环境中还是需要以谨慎的态度观察并适应的，确认自己的选择没有问题，接下来就需要签订劳动合同了。

15.2.2 检查劳动合同

拿到新的劳动合同，张小白才想起来，上一份工作的劳动合同已经不记得放到哪里了。面对新的工作、新的劳动合同，张小白暗暗决定，这次要好好对待。

劳动合同的重要程度，超出了大多数职场人的认知。对于劳动合同，建议大家做到两个"必须"：签字前必须完全确认劳动合同内容，签字后必须妥善保管劳动合同。

劳动合同是用人公司和个人之间签订的双方协议，明确了公司与个人的权益和责任。劳动合同一般使用公司提供的模板，经由法务、HR等专业人士审批、修改，所以一定是极大程度地保障公司利益的。需要注意的是，有一些公司实际签订的合同与 Offer 谈判时完全不同，甚至会在劳动合同中设置陷阱。如果未能在签字前发现劳动合同中的这些坑，那么对后续的工作和收入都会有巨大影响。

1. 与 Offer 比对信息

首先，比对 Offer，确认岗位、职级、薪资、福利、社保、公积金的缴纳基数等信息，均与 Offer 及谈判时保持一致。尤其是关于薪资，劳动合同中必须约定清楚薪资情况、支付方式、支付周期等详细信息。如果有疑问，一定要及时与 HR 核实清楚，千万不要害怕麻烦。

2. 确认工作时间相关信息

确认工作时间相关信息，是指确认工时制度、工作时间、迟到与旷工惩罚、年假天数等信息。较为常见的工时制度是标准工时制和不定时工时制。标准工时是指每天固定几点至几点为工作时间，通常需要打卡考勤；不定时工时制则通常不强制打卡。

不同公司对迟到和旷工的惩罚标准是不同的，管理较为严格的公司会约定累计迟到几次、旷工几次直接予以开除。一定不要想当然地认为新公司的考勤制度和上家公司差不多。

关于年假天数，有些公司会遵循国家法律标准，按照工作年限给予每年 5～15 天的带薪假期；也有的公司会额外增加天数。提前了解年假天数可以让自己在未来的工作中更加从容地安排假期。

3. 确认试用期条款

确认试用期条款包括确认合同期限、试用期时长和试用期待遇。不同时长的合同期限，可以限定的最长试用期也有所不同。劳动合同期限在 3 个月以上不满 1 年的，试用期不能超过 1 个月；劳动合同期限在 1 年以上不满 3 年的，试用期不能超过 3 个月。3 年以上或者无固定期限的劳动合同，试用期不能超过 6 个月。

许多公司对于试用期内的薪资会约定打折，这是合法行为，只要与之前沟通的一致即可。但也有些公司会告知员工试用期内不缴纳社保、公积金，这是违法的，大家一定要注意。

4. 确认解约条款

许多公司会在劳动合同中约定，如果违反公司的规章制度等，公司

可以无条件解除劳动合同。如果有类似条款,最好在了解规章制度并确认合理性后再签订劳动合同。

5. 检查劳动合同附件

检查保密协议、知识产权、竞业协议等劳动合同附件也很重要。保密协议的目的在于约束员工不对外泄露公司信息;知识产权一般约定了员工在职期间产出的知识成果归公司所有;竞业协议要求员工未来离职后,一定时间内不能加入竞品公司工作。

这些都是劳动合同中较为常见的附件协议,签订之前同样需要检查清楚,尤其是竞业协议。如果在离职时公司要求员工履行竞业协议,那么公司是需要向个人支付竞业限制补偿金的——代价是离职的员工在一定期限内无法入职同类型公司。为了保障未来的潜在权益,建议竞业限制补偿金每月不低于平均月薪的 60%,赔偿金最好不超过一年的年薪。

6. 其他注意事项

签订劳动合同时如果有任何疑问,都要及时与 HR 进行沟通,解除疑虑后再做签订。

劳动合同和相关附件均为一式两份。公司盖公章或人事章,员工签字,各执一份。入职一个月内是需要完成劳动合同的签署的。也就是说,新员工签字后劳动合同被收走盖章,是必须在一个月内将盖完章的劳动合同归还给员工。有些公司会以各种理由拖延劳动合同的签署,或者拒绝归还原本应由员工自己保管的劳动合同。万一遇到这样的情况,员工可以积极地与 HR 进行沟通。沟通无效时,可以寻求法律保障。